致读者

每当提起祖国，作为一个中国人，总是会情不自禁地联想到诸如“古老悠久的国度”、“光辉灿烂的文明”、“博大精深的文化”、“神奇瑰丽的自然”等等一系列赞美的语言。毫无疑问，中国作为世界上屈指可数的文明古国之一，那悠久历史、灿烂文明，确实会自然而然地触动每一个中国人的情怀，令人感到骄傲与自豪。

与此同时，或许也正是由于文明古国的源远流长、遗产丰厚，当我们满怀喜悦试图深入了解那令人神往的中华文明或文化传统时，个中滋味又常常会让人感到非常遗憾和尴尬，某种程度上甚至成为一个总是萦绕在心头并挥之不去的心结。到目前为止，中国人确实还没有但又十分需要一本阐释精当、内涵准确、简明扼要、通俗清楚、提纲挈领地叙述或介绍中国经典思想文化的简明读本。让普通的中国人对于自身的古老文化和思想精华，都能够如数家珍、脱口而出、娓娓道来，而不是总想回到“三百千”（《三字经》、《百家姓》、《千字文》）等蒙学经典读物之中去——这应该是一部具有鲜明中国思想文化特色的综合性文化经典读物。

任何一个民族都不可能没有自己的文化经典，任何一个时代也不可能没有自己的思想经典。人类文明的发展，离不开精神文化的创造与指引，凝聚了传统文化思想精华的文化经典，代表着一个民族的灵魂，是其文化精神思想的集中体现，是一个民族最显著的标志，是一个文明国度的最通俗的文化思想教材。从古到今，人类最原始的本能，就是要向子孙后代明白、清晰地讲述民族文化传统，来指引他们去认识自己民族或国度的文化精神和形象，而这些正是一部文化经典著作的价值和作用所在。对于一个总是以自己具有古老悠久文明为荣耀的国度，早就应该有一部真正反映其神话史诗、民族源流、思想信仰、风俗文化等等系统可读的、简明的文化经典读本，既有益于国家民族精神思想的凝聚，也便于国际文化交流。由此，如何在传统基础上结合时代精神而再现自己的文化精华，让中国人拥有一部自己的文化经典，就成为至关重要并十分紧迫的事情了。

中国既是一个悠久的文明古国，也是一个正走向现代化的充满活力的国家，如何继承中国传统文化并将之发扬光大，如何创造再现最能代表中国文化的形式，建立起能走向世界的思想文化价值观体系，以显著的中国文化标志，从容面对世界文明交流与融合的趋势，这是创作现代中国文化经典必须考虑的问题。中国人需要的这部文化经典，当然应该是一部源于传统、达于现代、追本溯源、继往开来的"神圣经典"，核心是要叙述并阐明一个国家和民族得以立国安邦、立社安民、立命安身等的看待生命价值与终极意义的传统，也包括现代精神文化追求方向，即应该体现出一个民族文化的真正精髓和灵魂，能成为人们与生俱来并永不磨灭的文化标志。因此，不论何种文化水平读者，如若不是将本书仅视为对中国文化历史的简单串联，而是研读领悟了其中所揭示的思想文化意义，那才是深得其天机与奥秘。

总之，作为一部关于中国经典思想文化的简明读本，要能够简要地揭示和展示作为世界悠久古老文明之一的中华文明，在人类文明发展进程中的独特性及其普世价值和影响，从而使之能够成为一部揭示中国文化思想精髓并用以展示其东方之魂的经典蓝本，不但让所有中国人能从中看到自己的文化形象，而且让世界上的人们都能从中看到中国人的文化形象。本书的目的就是，愿每一个中国人都认识到自己的文化形象，愿人们都能真正了解中国的文化传统，愿代表东方思维模式的中国文化走向世界。

2011 年 5 月

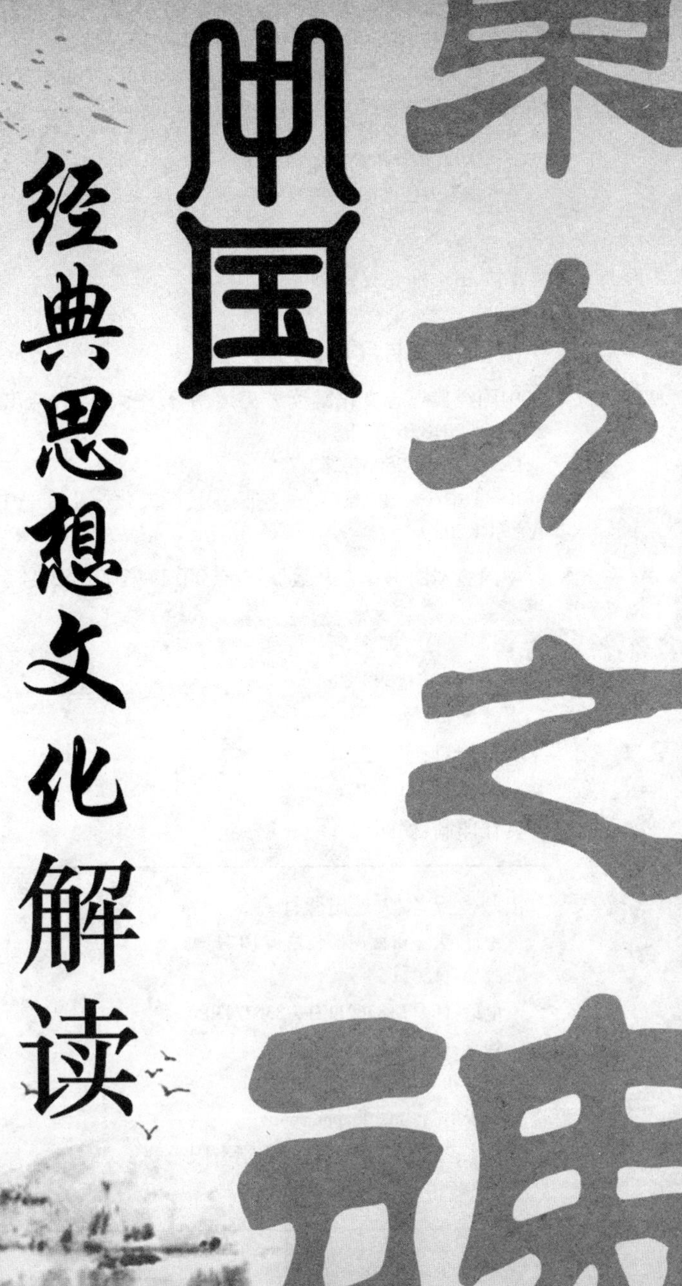

東方之魂

中国经典思想文化解读

王运伟◎著

大连出版社
DALIAN PUBLISHING HOUSE

内容简介

这是一本力图以个性风格系统分析解读中国经典思想文化的通俗读物，同时也是一部有益于人们了解中国文化核心思想，并认识其普世价值的简明读本。

本书着重揭示的主题思想是：中华民族早在文明形成时期，就创造了人类文明的东方思维模式，构建了以天上信仰天下理想为突出特点的思想理论体系，形成了别具一格的历史人文特色。数千年来，以宗天精神为核心的中国经典思想文化，不但成就了文明古国的悠久历史、灿烂文化，也成为现代中国发展振兴取之不尽、用之不竭的精神财富。

本书分为创世神话、英雄史诗、种族民族、思想文化和民族振兴五部分。

图书在版编目(CIP)数据

中国经典思想文化解读 / 王运伟著. —大连：大连出版社，2012.2(2013.6 重印)

ISBN 978-7-5505-0243-7

Ⅰ.①中… Ⅱ.①王… Ⅲ.①传统文化—研究—中国 Ⅳ.①K203

中国版本图书馆 CIP 数据核字(2012)第 002783 号

出 版 人：刘明辉
责任编辑：李　鹏
责任校对：李玉芝
封面设计：赵　旺
责任印制：徐丽红

出版发行者：大连出版社
地址：大连市西岗区长白街 10 号
邮编：116011
电话：(0411)83621171　83627430
传真：(0411)83610391
网址：http://www.dlmpm.com
电子信箱：lp@dlmpm.com
印 刷 者：大连美跃彩色印刷有限公司
经 销 者：各地新华书店

幅面尺寸：165mm×230mm
印　　张：10
字　　数：200 千字
出版时间：2012 年 2 月第 1 版
印刷时间：2013 年 6 月第 3 次印刷
书　　号：ISBN 978-7-5505-0243-7
定　　价：17.00 元

目　录

天问

——神圣中华

旭日东升，阳光普照，自然变幻，万物奇妙。

人类诞生之后，最先感受到的就是太阳光辉的照耀和月亮夜晚的关怀，在大自然中与万物为伴，也时常仰望神秘的星空遐思奇想——远古先民就是在这样的畅想中，创造了关于自身与自然的神话，形成了自己神奇的文化生活，从而度过那漫长的远古时光。

忽然有一天，东方中国的一位大诗人屈原，徜徉在沅湘江畔，遥望水光天色、浩瀚星空，感叹人类历史悠久、奥秘无穷，因而发出了亘古未有、振聋发聩的向天之问——

“曰：遂古之初，谁传道之？上下未形，何由考之？冥昭瞢暗，谁能极之？冯翼惟象，何以识之？……”

意思是说——试问：那遥远的古代，是什么时候开始的？而最初的天地，又是怎样形成的？在那一片混沌之中，有谁能够分辨它的极限？宇宙还处于缥缈无形之时，如何能识认其真实的形象？……

这是从原始先民生活时代就开始并延续下来的一系列古老而神奇的疑问，也是古老而神奇的民族的一个永恒的话题，实际上标志着这一民族开始了从自发到自觉地面对自然与自身，开始了理性探求自然与自身的奥秘，因此，这是一个伟大民族的天问，也是对神圣的中华民族一次郑重其事的历史求证！

是啊，不论是生长在黄河长江、大漠草原，还是生活于森林湖泊、陆地山川，也不论是游牧部落，还是农耕民族，自古以来，神州大地上的先民们就早已在时常仰望苍穹而苦苦求索：我们从何处来，要往哪里去？人类从何处来，要到何处去？宇宙从何处来，又要到何处去？岂止是古人，人类文明到目前为止所进行的一切努力，实际上不都是在证明或回答着这样的问题吗？

每一个古老的民族，因为其历史文化的悠久，都有着流传自远古时期的神话传说以及由此而形成的经典思想文化，它不仅是在诉说着这个民族的诞生与成长历程，而且渗透着其源远流长并已经成为其精神支柱的精神思想追求，体现着一

个民族思维模式、价值观念和理论体系的思想源泉，因而，不但是一个民族的精神财富，而且展现着一个民族的灵魂。

作为一个中国人，当然都会十分渴望能系统而深入地了解中华民族的伟大而神圣的系列经典，这是中华精神最原始的根。现在，就让我们展开这幅美丽而神奇的画卷，开始一次东方之魂的洗礼吧。

创世神话

——中国人的创世纪

人类从诞生之时起，就认为自己生存其中的这个自然界是由神灵主宰的，由此产生了原始宗教，它代表着原始初民的精神信仰，标志着人类文明的曙光初现。人类文明就开始于日月星辰崇拜、天地自然崇拜和生殖繁衍崇拜，无论是大河文明、海洋文明还是草原文明都会从中找到自己文明的源头。就原始社会而言，原始神话与原始宗教密不可分，可以说原始神话是原始宗教的重要组成部分，是原始信仰的解释和演义，是原始宗教的经书、哲学和文学……在原始人类如梦如幻的描述里，从遥远的混沌中诞生了开天辟地、化育自然的盘古，也即创造生命、保佑万物并呵护人类的日月之神。

第 1 编　混沌神话——宇宙自然的起源

原始时代东方大陆最早的精神信仰，是混沌世界的太阳月亮崇拜，肇始于自然崇拜、图腾崇拜等原始宗教之中。中国人自古就认为自己是日月之神的子孙，是最早由天神上帝孕育的种族。古老的神州大地，从远古时代起，就翱翔着金光闪耀的太阳鸟，唱响着歌颂太阳神的赞美诗，遍布着献给日月之神的崇拜仪式。

1. 盘古开天——宇宙起源

天地未开辟之前，大概是属于宇宙的原初状态吧——人类之初，无法描述它的形态，就认为那本来是一个分辨不清任何物体存在的混沌世界，所以命名“混沌”。

混沌世界是那样的黑暗与漫长，人类无法想象它到底有多么的悠久遥远，即使用“很久很久以前”、“无穷无尽”、“无垠无限”之类的词语，也无法极尽想象，更不足以说明其时间之早、空间之大和产生之神奇。

就这样，无声无息、生生不息，经过不知多少时间和空间的演变，混沌中终于产生了一丝活动的影子，并渐清渐明，成为最早从混沌中诞生的最原始的光亮，古人传说中称之为“混沌之神”，也称之为“盘古”。

混沌之神像一个卵生的婴儿，从诞生之时开始，就不断地在黑暗中躁动滋长扩大。一万八千年像是他的演变周期，每过一万八千年他就有一个较明显的成长变化，就这样不断地由小到大，在混沌时空中扩大着自己的身材和领域。

到了后来的一个一万八千年的演化时期，混沌之神的生长变化能力越来越强，一天的时间就会有多种变化，不断地演化着，由弱到强地发展着，像是在不断地壮大着自己巨大的形象，又像是在逐渐地聚积着自己实现突变的巨大能量。

因为混沌之神不断地升高长大，不断在混沌中开拓空间，由迷蒙的光亮到像黎明前黑暗中慢慢生出的鱼肚白一样，混沌之神也就越来越高大无比，混沌世界充胀着混沌之神威武雄壮的巨大身躯，最后来到了黎明破晓的时分。

终于，混沌世界再也容纳不下巨大无比的混沌之神，他施展自己的神力，奋力劈开了黑暗的混沌世界，像破壳而出的大鸟，也像冲出浓雾的太阳一样，霎时间，光芒四射，天清地朗，一个崭新的宇宙在徐升徐降中开始形成。

混沌世界中的清者不断地上升，形成了天空；浊者不断地下降，形成了大地。并且，开天辟地之后，混沌之神更加急速膨胀迸发，所以，每过一天，天空都会不断地升高，大地都会不断地加厚……

就这样，每过一万八千年，混沌空间就有一番大变化，天越来越高，地越来越厚，直至天地间渐渐相距九万余里，形成了后人常说的九重寰宇。

原初世界的混沌状态最终被混沌之神所打破，一个崭新的宇宙空间终于诞生。而混沌之神盘古在创世之初曾如火球一般地从黑暗中喷薄而出，是原初世界第一个活动的物体，光耀混沌世界，所以也称之太阳——混沌中最早出现的光亮。盘古因此也是远古人类无比崇拜的太阳之神。

从混沌中诞生、成长、壮大的盘古，不仅开天辟地创造了宇宙，还因自身的膨胀迸发，将自己的身体化为了宇宙自然万物。

盘古开天辟地之后，原来的巨大躯体，顶天立地，无限放大，幻化无穷，演变宇宙，从而创造了一个广袤、生动、鲜明、美丽的自然界，其中也包括未来人类的家园——地球。

请看那自然界中的山川大地吧，那是盘古用自己的身躯创造的。高山就是他的身架，丘陵就是他的筋节，平原就是他的肉体，沟谷就是他的筋脉。绵延不断，纵横广袤，多姿多彩，俊美无比……多么壮观无比的山川大地啊！

请看那大自然中的江河海洋吧，那是盘古用自己的周身血脉创造的。大洋大海就是他的心脏，大江大河就是他的动脉，湖泊溪流就是他的血管。东西运行，南北驰骋，七洲四洋，繁星错落……多么浩瀚无比的江河湖海啊！

请看那大地之上的草木山林吧，那是盘古用自己的须发眉毛创造的。森林就是他的眉毛，树木就是他的胡须，花草就是他的毛发。层峦叠嶂，繁华茂盛，万紫千红，清脆碧绿……多么灿烂的草木山林啊！

请观察大自然的巨石矿藏吧，那是盘古用自己的牙齿骨骼创造的。山岩巨石就是他的牙齿，地下矿脉就是他的骨骼。山岩因此更壮观，大地因此而更健美。那是大自然的支柱！

请注意大地上的珠玉宝藏吧，那是盘古用身体的精髓创造的。正是他身躯内的精髓之物，化育形成了大自然的精髓，形形色色、变幻多彩……那是充满灵气的珠玉宝藏！

盘古把他所有的精气神都贡献给了宇宙自然的创造：

——盘古开天辟地时呼出的气息，化成了大自然中的风云气象。那气息化成了风，形成了云：若隐若现，虚无缥缈。从此，大自然中就有了具有灵性的云雾气象。

——盘古开天辟地时的呼喊声，形成了大自然中的雷霆之声。那呼喊声形成了雷鸣，或高或低，或远或近，轰轰隆隆，因时而动。从此，大自然时刻都在倾听他抒发声威。

——盘古创造天地过程中所挥洒的汗水，变成了天地间变幻的雨水。那汗水形成了雨水，或淅淅沥沥、缠绵悱恻，或暴风骤雨、倾天狂泻……从此，大自然有了自我调节的水汽循环系统，这正是雨露滋润禾苗壮，万物生长靠太阳！

——盘古将汇聚了自身精气神的硕大双目，变化成了当空日月，创造了日月星辰环绕着的宇宙空间。从此，那永不熄灭的日月之光，就在宇宙天地间闪耀着无穷的光芒……

古人很久以后才恍然大悟，盘古创造宇宙万物的过程，就是宇宙星辰和自然万物的形成过程，原来，盘古就是天地宇宙的元始至尊，就是自然万物最大的造物主，就是至高无上的太阳之神啊。

远古人们是这样地崇拜盘古，并逐渐地将之寓为赋予自然万物生命的太阳神，那是因为，不论是宇宙天地、日月星辰，还是自然万物，都是太阳之神所哺育，不但是其身影或骨肉，是其原来形象的转化，而且都具有太阳之神的灵性。

这就是盘古之神所创造的大自然！这就是人类生存其中的大自然！

2. 汤谷十阳——日月同辉

盘古于混沌中开天辟地，创造了宇宙自然万物，日月星辰从此在天空中不停地运行着，为大自然带来阳光月色，为人类生活带来明亮温暖。日月星辰是盘古体内的精华，总是在不停地运行。特别是，太阳每天东升西落，月亮每天夕至朝归，星辰早晚闪闪烁烁，这些有规律的运动，被古人认为是盘古最初创造的神力所推动的。

太阳光芒万丈，照耀宇宙自然，也是宇宙自然中心，是人类的光明之神，每天都在人类生活中出现，人类对他是这样的关注和神往，用了最多的精力和时间来观察他。

原来，这也是太阳神的子孙后代。太阳的出发地在东方的汤谷，其地有棵巨大的东方神树——扶桑，高达三百里，枝繁叶茂，众多的日月星辰都居住在这棵巨大的神树之上，高居枝头，像是树上自然结蒂的叶子和果实，所以称为上蒂或蒂上，后来演化为上帝、天帝等，意即最高神。同时，因为太阳的运行都要依靠有羽翼的太阳鸟来运载拉动，所以太阳和太阳鸟是日鸟一体（三足乌），都栖息在这棵神树上。早晨从东方神树扶桑出发，晚上去的归宿是西方神树若木，若木是与扶桑相同的神树。

太阳诞生于晨曦，母亲叫羲和，羲和生十日，每天都在甘渊为这十日洗澡（浴日），洗完一个升上天空一个，每天轮值于空中的就是这十个太阳，因为他们的轮番表演嬉戏，所以人类才会有太阳在全天中各时各处都有不同形象的感觉。月亮的母亲是常羲，常羲生十二月，每天也要为这十二个月亮“浴月”。

想象一下吧，每天太阳从汤谷扶桑出发前，总是要趁着晨曦跳到咸池沐浴——那是一个像大海一样宽阔的天上的湖泊，对应的是大地上的大海，所以人们总是看到太阳最先从海上升起。太阳是被母亲羲和宠爱惯了吧，因此才在清晨嬉戏，生成这黎明时的蒙蒙晨光。

太阳从东方日升之地扶桑树起身就是黎明，乘坐的是凤鸟龙车，因为凤鸟（三足乌）有羽为轮以载太阳，说是龙车是因为飞奔在天上白云中。有时由母亲羲和亲自做御者驾驭奔驰，月亮出来时则由御者望舒驾驭飞奔。望舒、飞廉也被称为月神。

每天太阳最早出现的时间是清晨，伴随着晨曦，一个红彤彤的太阳从东方升起，又大又圆，和蔼亲切。接着开始经过曲阿、曾泉、桑野、衡阳、昆吾、乌次、悲谷、女纪、渊虞、连石等地。过了一段时间，到上午的时候，早晨那个红彤彤的太阳不见了，出现的是一个相对小了的太阳，在空中放射光芒。而到了中午，则是一个耀目刺眼的太阳当空，火辣无比，让人不能直视。再过了中午，并直到黄昏前，像是有一串串耀眼的太阳，变幻魔术似的，由小而大，由明亮到多彩。

一天的行程之后，到达西方的悲泉，停下车来，再到虞渊已经是黄昏，一个又大又圆的太阳，更加灿烂绚丽，夺目耀眼。最后到了蒙渊，所有的太阳都在晚霞中隐身而去了。天色完全昏暗下来，那正是日落之地，其地有西方神树若木，太阳和太阳鸟栖息之上，像若木之花，群星灿烂如晚霞。

太阳每天是从东向西运行的，运行九州七舍，日日如此，循环往复，这样古人就知道了：太阳早晨时精神抖擞，所以又大又圆；中午时因为精神旺盛，所以才耀目刺眼；到黄昏时，太阳要隐身了，所以才放射出灿烂光芒。日升日落之时，就像一个一个的太阳连续不断地在天边冉冉升起，直到天空，再一个个地在天际降落，由此才出现一串串令人眩晕的身影。

日月运行，昼夜交替，白昼时太阳当空，夜晚则由月神代替日神，各司半职，这是神之间的轮值啊。而这样，月亮就是夜晚中的太阳。同太阳神一样，月亮女神也是人类的保护神。月亮在每天的黄昏时都替代太阳，在夜晚静静地轮值于天空，并且在凌晨都再次唤醒、唤回了光明的太阳。

星星，星星，日月之精，日月诞生之后，才产生了星星。“星”字本身就说明它是日月所生。日月之尊维护着宇宙星辰运行秩序，当天庭上星辰时空不定，或高或低，或远或近，昼夜不一，不遵守规律随意运行时，日月之神对它们进行纠正管理。月亮通过盈亏以及日食月食变化来表现自己的喜怒哀乐，以此督促日月星辰各行其道，轮值天空，从而实现对星辰秩序的调节。

日月起落有规律，昼夜也就从此分明。月亮的盈亏形成了月，十二个月为一年，人类因此最早通过太阴历，知道时间和年龄的计算方法，从而据以计时，以利生活。而月亮经常在天海中沐浴，大地江河湖海也随月亮的盈亏发生潮汐变化，并且影响着人类女性的生殖、生理变化，成为日后影响人类繁衍的重要规律。

3. 夸父逐日——阳光永驻

盘古开天辟地并创造了以太阳神为中心的宇宙自然万物，因而自然万物也都带有太阳神的灵气。例如，盘古的骨骼形成了山脉，山脉就有了太阳神的灵气，成为山神。太阳的光芒照耀几千里，山脉的身躯也就有几千里。这样，太阳神在自然中就像山脉一样，山神就是太阳神的化身，山神就是人们崇拜的太阳神啊。

昆仑之丘有日月山，是天枢，也就是天门，日月从此出入，其山神叫烛龙，日月出入之前后，天不足西北，无阴阳消息，是烛龙在天门中照耀，把九阴之地都照亮了，故也称烛龙为九阴、烛阴。烛龙是这样一副奇怪的形象：长着人的面貌，通红的颜色，身躯像蛇一样，蜿蜒迤逦有千里之长。他的眼睛特别神奇夸张，他的两眼是竖立的，眼睛一张一合的，张开眼睛就是一个圆，就是太阳，光芒万丈，天下因此就是白天；闭上眼睛就是一条直缝，像是月亮，月色蒙蒙，天下就成了夜晚。

尽管太阳每天东升西落已经成为人们熟悉的自然生活现象，但由于太阳对人类生存和生活的重要性，原始人类开始不满足于太阳每天的东升西落，不想太阳走得太快，因为难以忍受没有阳光的黑夜，也难以忍受季节变换太快，更难以忍受时差变化太大，想要长久留住太阳。只是，由于太阳的巨大与遥不可及，这个愿望在他们看来好像难以实现。而这样的使命只能由巨人来完成。

在距离昆仑之墟不远的地方有个夸父国，这是一个和人类差距巨大的大人国，名为巨人国。国中之人，个个高大无朋，而且四肢五官哪儿都大，并且人大物也大，其地树木也巨大无比，两棵树即能成林，非有极大极广之地，容不下这巨人之国。

夸父是巨人的代表，形象顶天立地，头大过山，身高齐天，手腿肢长，两耳垂肩，跨江越河如履平地，穿湖越海如走龙蛇。

巨人族比人类更不愿意太阳每天这么东升西落，因为他们人高马大，难熬黑夜。平时他们只在国内游走，都不出自己的巨人国，怕的是惊动天下各国。他们认为，不能像太阳一样光芒万丈，是让他们唯一感到遗憾的缺欠，除此之外，都可以与太阳一比高低。因此，他们不但和人类一样想要挽留太阳常驻天空，而且认为只有自己才能担此重任。

夸父知道，普天之下，只有巨人国的他，才能满足巨人族和人类想要驱除黑夜让太阳永驻的愿望，所以他决心由自己去完成这个任务，追赶挽留太阳，把这个火热的大盘子常挂空中。

他所能选择的方式很简单，就是利用自己巨人的力量追逐太阳，他相信，只要自己努力，就会追赶上太阳。

夸父在太阳从东方刚一升起时，就紧紧盯着太阳跑步追赶。一开始，他紧跟着太阳跑，边走边打量着太阳。而太阳看到天下这个巨人也感到奇怪，觉得像自己的影子在地面上走动，始终也甩不开他。

夸父始终紧跟着太阳，看着太阳从又圆又大到又炫又小、从红彤可爱到火耀刺眼、从北方到南方、从寒带到热带，走过了大江大河、大湖大海，越过了高山大川、平原丘陵，跟随太阳一起走下去。

太阳表面上似乎是慢慢腾腾地向南而进，实际上那只是因为，太阳是在天空，一望无际，无遮无拦，并且不需要补充能量，才能自由自在地游走。而夸父则是

在陆地，需翻山越岭，正因为是巨人，步伐也要比太阳快和多，走的时间长了，就是不吃不喝，也难免口干舌燥。但夸父一直坚持着，他不知道太阳能忍耐多久，但他要坚持直到自己能忍受的极限。

夸父想要解渴，遇到江河湖海伏地便饮。先是喝干了北方的黄河、渭河之水，河、渭之水不够，又寻沿途的大湖饮水，仍然不解渴，即便如此，追逐太阳的脚步还不能停止。

追到太阳将要落山的禺谷，眼看着太阳的影子就要追上了，这时的夸父却感到干渴难熬，体力再难支撑，只好拄着手杖追赶。最后，终于没有追捉到太阳，便渴死倒地。他的身躯轰然倒下，成为南方的丘陵山脉，而他的手杖也化做了片片山林，广达数千里，茂盛葱郁，硕果累累，名为邓林，后来称桃林。

夸父倒地消失之后，太阳忽然发现自己在天下的影子没有了。那是多么神奇的天下之物啊！太阳以为是夸父留在了黑夜里，他不禁回头察看，想再与他伴行，于是匆匆忙忙又周而复始地寻找着。因为对夸父的眷顾思念，太阳每天都要尽量早一点儿起来，满是精神地驱赶黑夜，慢慢地在南北天下寻找夸父的影子，并总是在早晚放射出灿烂的朝霞和晚霞——那是在为呼唤夸父而留下的光辉灿烂形像啊！

从此以后，地球上的生物所享有的太阳照耀时间更长了，东西南北的时差也拉长了。

4. 后羿射日——时序九天

太阳园里，扶桑树上，汤谷十阳，每天升空值日，忙碌不停，为了让太阳一天的运行正常，都需要在不同的时辰并以不同的光芒履行自己的职责，使十阳同心同力如同一阳在天，这才能保证每天的阳光能量，有利于日月星辰空中秩序和天下自然生物时序成长。这也是太阳神为人类诞生之前创造的自然万物的生长生存条件。

太阳家园、扶桑树上、咸池之地，除了太阳家族之外，还有如后羿等诸神，为太阳值班，进行守卫等服务工作。园中还有天狗，这天狗可善可恶，有些变幻的招数，经常不怀好意地对着太阳和日中之乌狂吠，它是在为自己不能像日月一样地由凤鸟载驶着风光天下而心怀不满。

终于，天狗想到了一些恶作剧的办法来发泄自己的怨气。每当它对着日中之乌叫唤，凤鸟就心跳加快、乱奔狂跑，日月就吓得躲到扶桑树巨大的叶子下面了，

日月之母羲和与常羲找不到日月，听说是被天狗吃掉了——其实是日月躲藏在扶桑树上，这就是每每有日食月食出现的原因。日全食时，突然间苍穹黯淡无光，禽兽不宁；而日偏食时，光线半明半暗，忽又逐渐复圆，都像是天狗吃日月的样子。

凤鸟乱飞，倾巢而出，日月躲藏，互相追逐，这些情况一出现，自然就不能按时轮值在天空，特别是乱了十阳，就乱了时日，不但天上大乱，也会天下大乱了。更严重的还是天庭大乱，下界遭殃，十日并出，烈日炎炎，骄阳胜火，毒辣无比；流金铄石，热浪焦土，兽爆鸟裂，生灵涂炭。

如何恢复天上天下正常秩序，这是人间万物生灵的祈求期待，更是天神的职责所在。于是便有后羿射日之举。

后羿善羿，是因为他不仅是扶桑、咸池之守卫者，而且也是专职武士，特长就是弓箭，负责天空中日月星辰运行秩序的管理。

后羿之羿艺高强，除自身武艺之外，还有弓箭均属天地之绝品。因为弓是扶桑树藤所制之几丈硬弓，箭矢则是太阳园中蒺藜强箭，十分了得。凡是有个别星辰飞鸟不守秩序，只要他张弓搭箭，弓箭响处，星、鸟即已魂飞魄散。否则，这万里天空，靠他一个人行马跑步如何管理得了。

此时后羿临危受命，履行职责，开始自己的射日之行。

后羿射日，是射载日之乌，而非直接射日，因为无乌载日，则日无所依，不能出行，依常理只得回归扶桑树上。

后羿弯弓搭箭，先将天狗射住，然后再一一指向十阳，意在他们能自动归回原位。但哪知，日、月全食和偏食之际，凤鸟惊魂，日月无序，哪还能看到听到后羿的举动。为止乱象，后羿只能箭逼十阳，只留下一阳当空，而让九日退出。

后羿射日，维持了日月星辰正常稳定的运行秩序，也使自然季节得以恢复，保证了人类诞生后有风调雨顺的日常生活。

不料，其余九个日中之乌，受箭掉落咸池，所载之日却没有回到扶桑树上，而是与其他星辰一起，飘浮流去，远游深空，最后形成古之九重天。

这样，后羿射日，致使日月远游，日月之母心急如火，先是错怪后羿，当时就震雷霆万钧之怒，命后羿也去远游，寻星辰中之日月，而不得再回天上扶桑太阳园。

后羿却执意下凡，没想到这样就连累了嫦娥也成了下凡的九天仙女。

日月之母思子心切，又没有别的办法，只好也跟着下凡，同时，随身带着三只青鸟为其探知消息。因为，只有下凡回归昆仑之墟，才可能有与十日和十二月相见之时——莽莽昆仑是众神会聚之所啊。日月之母因此也成了西王母，不过，开始时，只是负责管理昆仑之西北隅。

后来，日月之母知是天狗所为，而后羿是职责所在，尽管没有让日月回归扶桑，但也不能算大错。于是，西王母罚天狗下凡，永世为兽类忠诚的榜样，为人类忠实的朋友，以示惩罚。

日月之母对后羿心有愧意，付之不死之药，许之回天。但后羿在下凡之后，又为民除害，剿除了猰貐、凿齿、封豨、九婴、大风、孽龙等妖怪、凶兽，并教人间猎人逢蒙等射艺，建立了诸多功勋，已经熟悉并决定留在人间，从此后羿在后世也引为善羿者的通名。

嫦娥因后羿之徒逢蒙逼讨不死之药，不得已吞吃飞天，携白兔奔月，匆忙间偏离入了广寒宫。逢蒙不耐寒而变成蟾蜍，嫦娥在月中更加孤独寂寞。于是，白兔在月上捣不死之药，使月神死而复生，后来嫦娥就也被天下人间称为月神。

再后来，西王母属下吴刚，因不如青鸟殷勤，而被心情正坏的西王母罚来月中广寒宫。吴刚看中月宫嫦娥，开始学会殷勤。见月中有一棵桂花树，便想采摘桂花，或酿造桂花酒，献与嫦娥，以尝人间圆满之乐。可是没想到，这棵桂花树神奇得很，据说有五百丈高，耸入云天，根本看不到树顶。吴刚摘不到桂花，又攀登不得，便想砍伐桂花树。令吴刚感到真正神奇的是，他在树下每砍上一斧，树身的刀创就立即愈合，每砍一斧愈合一次，每次均是照旧，吴刚伐桂，是一个永远也不可能完成的事业。原来，这是一棵专门用来惩罚治罪的神树啊。

5. 精卫填海——太阳神鸟

太阳园中，扶桑树下，除了载日飞翔的凤鸟、鸾鸟之外，还有不载日却能飞翔之鸟，其名为鸡。也就是说，除了太阳鸟之外还有太阳鸡。

太阳鸡有多个种类，并多姿多彩，如有玉鸡、金鸡、石鸡等等。它们每天在太阳要从东方升起之时，都提前鸣叫，最先是由玉鸡领头鸣叫，在它引颈高歌之后，紧接着是金鸡鸣叫，然后是石鸡鸣叫，而当石鸡鸣叫之后，引起天下潮水阵阵作响，天下的鸡听到潮水声，知道是黎明到来了，于是就都开始鸣叫了。这就是雄鸡一唱天下白的起因所在。

精卫就是这些太阳鸡中的一只。相比于凤鸟、鸾鸟，精卫这些太阳鸡们短小得多，翅膀也不大，因此没有载日飞翔的本领。扶桑树下的太阳鸡，都满足于催生雄鸡一唱天下白的职能，唯有精卫不以为然，她觉得，载日飞翔的凤鸟们才是它们的榜样，认为那才是真正的太阳鸟、火凤凰，古人习惯以此称太阳。

夸父逐日英勇献身的事迹在众神中传播，使得众神都怀着长久的敬佩和遗憾。太阳鸡也纷纷扬扬议论，有的觉得夸父是不自量力，就连它们这些太阳家园的能飞翔之鸡，还不能追赶上太阳，夸父何必如此呢？有的觉得夸父大可做自己的巨人逍遥自在，阳光多一点少一点能有什么呢，即使身处太阳家园，它们也没有感觉到阳光多少有什么特殊的意义啊！

只有精卫认为，不论怎样，夸父都算得上英雄。想想夸父的英勇行为，它们这些太阳鸡真是太渺小了啊！同为鸟类，她为自己不能像日中之乌一样地载日飞驰而感到羞愧。要知道，因为它们这些太阳鸡每天同凤鸟在一起，也被天下认为是太阳鸟，如果有一天，天下的人们终于知道了这些太阳鸡与太阳鸟有这么大的差别，那自己真是太惭愧了，也就太无颜面在太阳家园了啊。精卫感叹着，发誓绝不能因为不载日飞翔就做不成真正的火凤凰。

精卫也曾梦想着夸父的高大形象，想到巨人国看看，看看那里是不是都是像夸父一样的英雄。

有一天，精卫偷偷地搭上了太阳飞车。但是，这太阳飞车速度真是太快了，精卫只有轻灵之身，根本经不起这么风驰电掣地行进。如果精卫不是搭在车上而是追随奔驰的太阳飞车奔跑的话，那她只能望尘莫及，远远眺望了。现在在车上，精卫终于站立不住，失足掉下了飞车，飘飘扬扬地被甩落到了天下。

精卫身在天下时，她不但没有心情再去找巨人国，而且还没有能力高飞，回不了天上。她只有每天飞到海边，在大海边彷徨飞翔，遥望太阳东升西落，隔海兴叹。

开始，精卫多次想飞翔过大海与太阳鸟汇合，但以自己之力难以越过无垠的大海，速度上也终不如意。

于是，她不顾自己的轻盈单薄，衔西山之木石，以堙于东海，想借助岛屿跳跃，助她飞跃大海，赶上夕阳，重回天上。于是就有了精卫填海之说。

精卫不辞辛苦，每天不停地劳作。从此，每天太阳西落之际，都可以看到她靓丽的身影，在海边往返，此即被传为填海不止。

长此以往，形成习惯，在辽阔的大海边，每天都会出现这样一幅画面——每当太阳升起之时，火红的太阳里有一只大鸟与太阳同升；每当夕阳西下时，也都会有一只大鸟，与太阳同落。即使皎洁的月色之下，也会有大鸟栖息梧桐枝头，伴月而眠。由于大鸟与太阳同时出行、同时升落，特别是海中日落、夕阳彩霞的情景，令万物赞叹难忘——这是精卫在随太阳作息，是梦想要回到太阳身边的啊。

太阳园中的太阳鸡实在是太多了，随便少几只是不会引起注意的。况且，一

旦离开天庭，太阳鸡就如天下鸡一样了，即使鸣叫也不会引起天上的回应了。精卫更感受到了太阳鸡与太阳鸟的巨大差距。她也在想，是不是曾经有过自己一样遭遇的太阳鸡呢，那些可怜的同伴，是否也随之失落于海呢？

大海无边无尽，精卫衔来的木石，投入大海即无影无踪，并且，随着每天的风雨交加、百川归海，大海像是越来越宽阔，越来越广大遥远，成为永远也填不满的深渊。尽管如此，精卫也并没有遇难而止，不屈不挠地在做着自己的努力。

精卫是在以凤凰涅槃、浴火重生的壮举，来实现她的梦想啊。渐渐地，天下的人们把精卫与凤鸟视为一体了，并且引来了百鸟朝凤一样的万鸟与精卫齐飞——因为天下人看不到天上的太阳鸟，他们只是看到，每天太阳的东升西落，精卫都与日中之乌一样地升降着，时间长了，日中之乌倒像是成了精卫的影子。从此，在与太阳相伴的大海上，也总是有精卫与火凤凰共同飞翔的情景——大海总是在印证着精卫与太阳鸟的形象啊。

终于，精卫落入了大海，与大海融为一体。海神禺强托起她娇小玲珑的身躯，向太阳神诉说了她感人的故事。

太阳神为精卫的精神所感动，视她为日中之乌——火凤凰一样的自然之神，最终实现了与太阳东升西落飞驰相伴——她终于成为了凤鸟，称为太阳神鸟。

第2编 天地神话——神州的形成

世界上恐怕没有哪一个民族能对银河这样地痴情了：银河、天河、明河、长河、星河、秋河、绛河、河汉、天汉、星汉、云汉、斜汉、斜河、银汉、凭汉、汉水、天津、汉津、银潢、银湾、白练、玉绳、星槎、无梁……数千年来，中国人竟然用了如此众多的名字来命名那遥远天际像宽阔大河一样的广大星空。之所以如此，是因为在中国传统文化中，这一切都是一连串神奇的传说故事。银河与昆仑、华夏与天汉，星辰神话与自然神话成就了天地物候，众神之居成就了昆仑之墟，银河落九天创造了神州大地。神州、神山、神话，自古以来就是众多民族的诸神之源，成为神州大地中华民族的由来，是中国人心目中无比神圣的向往。中华民族啊，你一开始就是来自银河天汉，是宇宙之神、太阳之神的子孙啊！

6. 牵牛织女——银河星空

盘古开天辟地，创造了阳光明媚、星光灿烂的宇宙自然，之后，日月同辉、

汤谷十阳、烛龙创世、后羿射日，分别建立了星辰和自然秩序，天上天下与天地之间，都形成了各自的清平世界。

不过，天上世界秩序建立最早，变化也最快。当初，天狗吠日，日月有食，星空无序，后羿射日，凤鸟惊魂，九阳远遁，最后形成了古之九重天，星空世界从此成为多重深远九天九霄的宇宙星河。

自古以来，那九天九霄，遥望无垠，亦真亦幻。偌大的太空，一条像宽阔大河一样的星辰银河横贯天际，特别在晴空的夜晚，明月皎洁，星汉灿烂，星河影动，星光闪烁，引起后世天下人类的无限遐想，其中最钟情的是中国人，不仅幻想“坐地日行八万里，巡天遥看一千河”，而且从古至今都在演绎着银河故事与梦想。

天上星空不仅日月星巢、九天九霄、银河浩渺，而且还是一个智慧星空、神灵世界、快乐天堂，经常组织九霄节、天职节、星云节、智慧节等等诸多星空节日，展示了一个神奇与智慧的天界景象。

星空节日中的九霄节，主要是天上世界的运动会，神灵们在九重天里竞相往来，比试着无穷力量。天职节是属于天上世界的四方节或四季节，神灵们腾飞往返于九重霄，分别表演着自己的东南西北或春夏秋冬职能特色。星云节就是天上世界的艺术节，星云起舞，蹁跹婀娜，欢快热烈，五彩纷呈。智慧节则是神灵们展示智趣、互相竞技并向天神献礼的节日，是天上世界最常举行又最隆重热闹的星空节日，并且这一星空节日的主要欢庆地点就在银河两岸。

银河两岸分别有两颗亮闪闪的天职星，一颗是银河东岸的牵牛星，一颗是银河西岸的织女星。

牵牛星也叫牛郎星、河鼓星，既是银河巡者卫士，也是船夫向导，是天河星象中很重要的天象星——古人认为，日月起于牵牛星，则天地万物皆起于此，因此，天地万物，牛为大物，故“物”从牛，勿声。

织女星则原本是银河的织云星、导航星，在天上银河璀璨夺目、清晰易辨，她的天职是编织星辰衣饰，布置星云彩虹，是引导星辰星空航行的导航标志星。

牵牛星本来多才多艺、性情奔放，加上银河放舟、岗位逍遥，所以更适合于表现才干性格，于是，银河星空，总是飘荡着牵牛星那宇宙音乐、河畔歌声。

织女星本来文雅婀娜、明眸善睐，纤纤素手，织就了五彩星空，穿梭于银河星云之间，远远遥望，常常陶醉于银河岸边的音乐歌声，像是银河船夫的轻音乐小夜曲，让她更加感受到天上银河无比美妙。

牵牛织女，星空万里，本来相距不近，况且在天为神，不经允许不能越过天职天河，因而只是互相慕名神往。

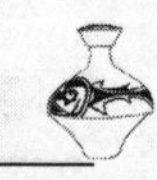

天上星辰，各有天职，很难往来，只有在星空节日上才能银河遥望、匆匆相见。

天上诸多节日中，以智慧节最为隆重热闹，声名远播。佳节之上，星辰相会，展示智慧，互相竞技，向天献礼，显示了星空世界的无限美妙，因此也是众星神最为企盼的节日，牵牛织女即是如此，何况，这一星空节日的欢庆地点就在他们职守的银河河畔。

这一届的智慧节分外火红热烈。由于星辰们智慧各异又太过踊跃，使得这一节日不但办成了智慧节，而且办成了英雄节。特别是水火木金土各大行星，为了赢得银河星女们的青睐和赞赏，围绕银河追逐嬉戏，掀起了漫天彩虹。

本来，智慧佳节，星辰相会，皆为慕名英雄，取得智慧真经。但，才子佳人相遇，难免产生爱慕之情，感情火花，向天绽放。

牵牛织女，原本就是银河中的才俊佳人，智慧节上，织女喜爱牵牛音乐歌声，牵牛欣赏织女星云彩锦，双双表达爱慕之意，并且在节日热烈气氛和众星辰欢乐行为的感染下，相互飞天追逐，成为智慧节中最耀眼的两颗明星。佳节慕名，银河相会，两情相悦，惊为天人。两星从此如影随形，坠入爱河——中文含义的明星与爱河，作为后世的专门词汇，都是由此而来。

智慧节之后，牵牛织女不再分离，经常河畔相会，爱河飞天，甚至彩云为桥，织锦为缎，太阳鸟为之搭屋，长相厮守，并生下了一双儿女——如今，还能看到星空之上，织女星的下方有组成小平行四边形的四颗较暗星，传说是织女编织美丽云霞和彩虹的梭子，而微黄色的亮星牛郎星，身边有两颗小星叫扁担星，是传说中牛郎挑着的一对儿女。

本来，银河节日上倾慕牛郎织女的星辰诸神早就不少，看到两星终于翩翩热舞、飞天追逐，难免忌妒，早有不满。此后，见牵牛织女竟然组成天上家庭，儿女双全，幸福美满，就再难容忍，以破坏九天秩序罪报告天帝。天帝闻之，非常震怒。但这并不是他不解风情，自身本来花天酒地，也没有时间去忌妒牛郎织女姻缘家庭，只是这搅动天序大乱，惊起天鸟一片，那就不得不起身维护尊严了。考虑再三，最终以玩忽职守、扰乱天庭和破坏星空形象罪名予以惩罚，给出了两个选择：或远赴九重天，如此则长分离；或入天下人间，但如此就失去智慧神圣。

当实际处罚之时，天帝见到牛郎织女后，果然郎才女貌、天仙之配，顿生恻隐之心，于是法外开恩，罚牵牛星罢去天职，带领一双儿女，银河留守，而以银河阻断牵牛织女；织女星则不能飞天，只编织彩云传授技艺——仙女离开了彩裙，就不能起风驾云。这样，两人虽然隔河相望，但一家人却不能团聚。

后来，太阳鸟趁天上节日之机，为之偷搭鹊桥，让牛郎织女过河相会，但终

于再被发现而受处罚。二星曾有誓言：在天愿作比翼鸟，在地愿为连理枝。牛郎织女最后选择降至人间，并把天上星空节日习俗带到了人间，从此，天下人间也有了乞巧节、七夕节（七巧节），并真正成为中国传统的智慧节、情人节。天上牵牛织女下凡人间之后，天上银河的天职岗位无星辰能替代，始终是他们的星辰身影。

天上一日，地下一年。一年一度，天上人间，都在上演牵牛织女的故事。中国传统七夕节，时间在农历七月初七，每当节日之夜，人们游目太空，遥望美丽天庭，天河转动，星云似水，流星回荡，绚烂多姿，泛起银光。凝神谛听，仿佛潺潺有声，逗人遐想。天下人间民风习俗、节日形式多种多样，俊美才女在七巧节准备好金银铜针和瓜果礼物，届时将向天上织女星神请教智慧技巧，而青年男女，郎才女貌，则期盼佳人有约、鹊桥相会，或者家庭幸福，仰望星空祈祷爱情忠贞不渝。

《古诗十九首》中《迢迢牵牛星》有诗云：迢迢牵牛星，皎皎河汉女。纤纤擢素手，札札弄机杼。终日不成章，泣涕零如雨。河汉清且浅，相去复几许？盈盈一水间，脉脉不得语。白居易《七夕》诗云：烟霄微月澹长空，银汉秋期万古同。几许欢情与离恨，年年并在此宵中。秦观《鹊桥仙》记事最动情：纤云弄巧，飞星传恨，银汉迢迢暗度。金风玉露一相逢，便胜却人间无数。柔情似水，佳期如梦，忍顾鹊桥归路。两情若是久长时，又岂在朝朝暮暮。

试想，年年此时，每逢节日，茫茫天际，银河横贯，鹊桥飞鸟，两情相会，那天上天下共同乞巧、天上天下情人相会、天上人间同欢共舞的内涵丰富、欢快美好壮观景象，是多么充满诗情画意富有浪漫色彩，正是这样的意境，使得乞巧节或七夕节的传说，成为中国传统文化也是人类文化史上最智慧、最浪漫、最凄美的传奇。

7. 雷神龙象——物候众神

盘古是宇宙自然的最高神，在创造了宇宙天地和自然万物之后，就形成了以太阳神为首的众神按各自的神力职能分工职守的体系。

例如，宇宙天际是日月星辰的活动空间，由它们代神巡视，轮值运行，履行职责。广袤的大地是自然万物的活动空间，山川丘陵、陆地平原、江河湖海、森林树木、花草鸟兽，互相分工合作，点缀着自然山水，组成了一个大地上的神圣家园。

天上地下有所分工之后，天地之间还有着巨大的物候空间，那是天地间进行联系与沟通的巨大通道，也是万物活动的巨大场所。于是，太阳神分配了雷电风雨云雾等物候诸神，在天地间建立联系并进行物候调节活动，它们都是日月之神的创造物，因此也具有各自不同的神性。这样，雷公、电母、风伯、雨师、云神、雾神、霓虹之神等众神，就应运而生，各职其神了。

万物之精，上为列星。天地之间诸神，原也为众星神，均出自天汉银河，因所司之职即为雷电风雨云雾，所以兼为天地之间众神。其中，雷神是天地间众神之王。因为，太阳神把天地之间的一切变化都交给雷神来掌管，雷神就是日月之神的使者，他可以变化出雷电风雨云雾各种形态，以取代天地之间诸神的职能。当其他物候之神分领了雷神的各项职能后，雷神就成为专职表达天意（如喜怒哀乐等）之神，因此代表日月之神。

雷电风雨云雾等物候众神，刚从银河至天地间领职之时，乱无秩序，各行其是。例如，风神雨神总是妄自尊大，自由自在，任意风雨。云神雾神也是恣意妄为，有时竟然云遮雾罩，蒙蔽日月，或太集中下雨，或嬉戏云雨，或不雨而旱，万物凋零，均不听日月之神调遣，于是，日月之神委派雷神管理这些物候之神。

雷神知道物候众神不懂事理，不明物象，不会服气，便让他们各自展示才艺，订立诸神公约，胜者为王。

物候众神大多不知雷神厉害，只是听过什么雷鬼、雷精、雷公、电母，也看过什么雷鸟（鸟首人身，鸡首人身，持斧钺金锤等）、雷龙（雷电炸形）、雷蛇（吐信为闪电）、雷兽（有牛首、猪首、猴头），雷神所传形象，猴头八象，纷纷扬扬，不一而足。如最古老的雷神是神兽合体，雷神原在雷泽，肚子硕大无朋，常常拍肚自娱，像是用雷兽之骨在夔兽皮上敲击才发出隆隆雷声。众神认为，即便雷神有神性，也大可不以为然。于是，风雨之神要抢先出场展示。相比风雨之神那么好勇斗狠，云神雾神和霓虹（分雌雄）二神，性情上要温和得多，只是观看雷神与风伯雨师争权夺利。

风神雨神，俗称风伯雨师，不但掌管自然风雨，而且也有化为人形的人类始祖，因为自然界中常是风雨相连，所以民间将风神雨神合称。风神，专司行风的神灵，形象上以风鸟、凤鸟、禽鸢为风伯，楚人称飞廉，后通指风伯，也有以犬为风神（《山海经》之光山计蒙，楚之屏翳，《风俗通义》之玄冥，神农时之赤松子等均属风神；后世形象常是乌髯壮汉，左手执盂，内盛一龙，右手若洒水状）。风神中，风女神要较男性风伯（后世形象为须白老翁，左轮右扇）出现得早。雨神，专管下雨的神灵，俗称雨师。

此处风神的特性能力与前面所说的四方神有所不同，其当着众神展示的是四面八方之风。所谓四面之风：南风谓之凯风，东风谓之谷风，北风谓之凉风，西风谓之泰风。所谓八方之风：东北曰炎风，东方曰条风，东南曰景风，南方曰巨风，西南曰凉风，西方曰飔风，西北曰丽风，北方曰寒风。这四面八方之风，或煦暖和熙，或凛冽寒噤，或轻或重，或缓或急，均飒爽威风。最后，风神以龙卷风拔地撼天，傲慢收场。

雨神也施展全部本领，出场就是倾盆大雨，急如天漏，然后是淅沥小雨、蒙蒙细雨、连绵淫雨，再以阴雨晴雨、昼雨夜雨、山雨林雨等变幻不止，最后是回身天上，收雨立停。整个过程也算是潇洒自如、神助其性。

众神将目光转向雷神之时，果然先听到一阵阵鼓腹雷声，像是有天神之力，在擂鼓轰鸣。不待众神耻笑，霎时间雷霆万钧，日月激撞，阴阳交感，雷鸣电闪，龙蛇万象；劈为雷，裂为火，和为雨，怒为风，乱为雾，凝为霜，散为气，聚为云，收为虹，漫为霓。雷神最后将满天橘黄之色，变成映照众神的冕饵之光。

雷神的神性特点，首先是声威震天，雷霆万钧，万物所惧。其次是迅雷疾电，速度惊人，动万物者，莫疾乎雷。再次是复苏大地，催生万物。最后是一年四季，唯有雷神一以贯之地行使职权，巡游天地，因此，雷神是天地间第一神。

众神目瞪口呆，无不惊叹：风雨之神所能，雷神均能，而风雨之神变化不如雷神多，风驰不如电掣快，力量不如雷神强大，涉及面不如雷神广大……风雨之神没有想到，自己的十八般武艺，雷神展示如儿戏。连云神、雾神和霓虹之神都没有想到，原来以为自己的绝妙之处，风雨之神都甘拜下风，而在雷神那里，只是落日余晖，谢幕形式，不禁怆然。

总之，众神所能，雷神均能，雷神所能，众神不能。竞争结果不言而喻。雷神在远古原为最高神，天神上帝观念形成后，才降为次要神。

雷神从此确立了自己的代日月之神管理天地间物候的地位。由于物候众神已经各有神性职能，雷神通常并不出现，只在需要时呈现雷神龙象。因为雷鸣电闪之时，天地间龙蛇相连，神人相通，龙蛇在天，腾云驾雾，如马鹿狂飙，如蟒蛇在野，所以令人敬畏，以之为神。

雷神疾恶如仇，执法严峻，以雷管雨，以电管风，呼风唤雨，督促众神，以协调四季。

雷雨掌生，春雷响后，万物复苏，春雨贵如油，以利万物萌生；夏季风和日丽，风雨细密，浇灌万物生长；秋分之日，雷乃收声，热风吹熟，金风送爽；冬季风雨云雾没有物候变化，雷声也不像春夏秋急促，但冒冷也能听到个把声响，那是雷神在检查自己的雷鼓、金锤、大斧、闪电神鞭和雷鼓车等治理工具。

物候众神都要按雷神制定的规则行风使雨、翻云覆雾。由东向西，春季来临；由西向东，秋季来临；由南向北，夏季来临；由北向南，冬季来临，使春夏秋冬四季有序。否则，就会遭遇雷火、雷劈和天打五雷轰等惩罚。

众神入序，唯有共工曾为掌管天河之神，仍不服，被雷神打入下界自然，只是管陆地之水，并另划江河湖海由海神、河伯等管理，其他都交于应龙管理，使权力分散，不至于作乱。由火神祝融和旱神女魃监督。这些都是在天地间执掌旱涝水火的诸神。

至此，天地自然物候气象之神均已陆续出场，传统天地诸神世系和体系基本形成。

8. 女娲补天——神圣家园

宇宙天地自然大都建成之时，天上有日月星辰众神，天地之间也有了物候众神，大地之上则有自然万物，但好像还缺乏万物之灵，那就是人类。只是，人神殊途，为了保持永远神秘，不让人类看破这个神创世界，人类诞生之时就要绝天地通了，否则，人类诞生后，不论什么人都可与天上诸神随便打招呼，那还不乱了神套。可是，绝天地通之后也得保持天地通道，一定得派最有能力和地位的专门神职，作为太阳神使者，去沟通天地、代神宣旨和担当主管天下人间的重任。

时不我待。水神共工和火神祝融为做太阳神使者争执得最为激烈。水神共工曾有超群神力，太阳神一度曾让他代行神权，管理过银河。只是这宇宙银河之水，可不是人间自然之水，而是由无数星辰组成的巨大天河——这是天上最吸引人类的一条巨大的星辰带啊，共工能够成为管理这条巨大天河的水神，说明其曾经是何等神勇，那是在与众神相争中，以其一泻万里的神力获得之神职啊！共工曾因此被称为句龙，故俗谓大水为龙水。就是因为，他当时具有超越一般众神的沟通星辰的能力。正是由于共工管理天汉银河，后来才有可能由他来制定历法，制定十干、闰月，并将一日夜分为霄、朝、昼、夕等。只是，共工成为水神之后，飞扬跋扈、目中无神，天河浩瀚，茫茫无际，成了他肆虐的天堂。他多次将星辰拉近到日月身边比试神力，扰乱日月运行规律；他有时又把星辰都限制在或南或北的空中不准流动，使天下南北或永昼或永夜；他还压迫不满意的诸神，并认为自己的神力可与日月争光。特别严重的是，他还曾擅自泻天水至天下，引起滔天洪水。洪水，就是由于大水是共工振滔下泻而得名的。

火神祝融，是掌管太阳之火的主神。太阳之火巨大无比，普照寰宇，太阳神属下管辖者众多，祝融独胜众神，为火神之长。祝融成为天火主神，有其神勇之处，除了他比众火神烈焰巨炎之外，还在于他不仅能管理，而且还会运用。众神管理天火，只是死看死守，不许他神动火一下。而祝融管理天火，则因神而易、因地制宜，管理为用，以用为主。特别是他能以天火调节天地冷暖凉热，为众神造福。

水神共工与火神祝融相对比，本来水火二神各司其职，不存在是否相容之争。当初，众神当中只有水火二神能在宇宙天地间自由往来，其他众神都要有所恩准或有所借助才行。众神看不惯水神的泛滥无礼，而认为火神祝融是与黑暗对立的光明之神，是祛邪治疗之神，是除丑镇恶的保护之神，也是富贵红火的财富之神。因此，众神倾向火神。

由于水火二神拥有天河之水和太阳之火的管辖权，都神通广大，甚至能与太阳神抗衡，并且，他们都曾有过不服天神太阳神管辖的经历。所以水火二神相争总是各有道理，最后终于要靠战争决胜负，并不论结果如何，从此水火不相容。

水神和火神的战争就在宇宙空间展开。天神知道二神脾气暴躁，惯于凶神恶煞，拼拼杀杀，不打不足以泄气。为防止水火二神的战争波及其他，太阳神责令四方神造了天盖，使它旋转，并用天树五色木精华加固，罩住天地，只留有限空间，四方神则分别把守着三天四极，防止两人越过界限。而水火二神面对这场争斗，真是怒从心头起，恶向胆边生，双方都倾注了平生力气，使出了浑身解数，下了生死杀手，场面十分恐怖。这一场水火大战，双方鏖战不止，搅动得宇宙天空乌七八糟，乱作一团。水神共工怒睁双目，张牙舞爪，使出拿手本事，倾天上之水向火神祝融泻去，想一下将之劈头盖脸打出天际。火神祝融则张开红牙利齿，吐出太阳精火，挥舞烈焰，想将共工天水一齐汽化得无影无踪。只见水火二神上下腾挪，飞天奔宇，顶盖撞极，昏天黑地，不分胜负。共工的银色发丝从此都被祝融之火映成红发，祝融之脸也从此由红转白难成神色。终于，天盖四极还是没能限制住水火二神，他们从天际宇宙一直打到天地自然，再一直打到不周山脚下。这不周神山地处西北，紧挨着昆仑之墟，是一根撑天之柱。山下有两个虎形黄兽镇守。山上发出寒暑之水，一半冷一半热，使两边的湿山和幕山也笼罩在湿雾之中，如神仙之境。

当祝融施计撤焰熄火、隐形遁身之时，共工因不能取胜而急不可耐，急火攻心，陡然怒气万丈，猛地一头向不周山撞去，一声可怕的巨响之后，刹那间，共工化气消亡，无影无踪，而天柱不周山被撞断倒塌。顷刻间，神州大地失去平衡，天倾西北，日月东升西落，星辰东西方向运行，每天昼夜交替，不可逆转；地陷东南，生成西高东低的三大阶梯地形，从此江河向东归海，呈现大江东去的气势和一种天圆地方的局面。

天上二神之争，搅动着银汉星河落九天，以青藏高原为中心倾泻而下，银河星辰将天地自然冲刷成了无数个大千世界：向东漫过云贵高原，冲成了四川盆地，荡平了沿江丘陵、沿海平原，一泻汇成了太平洋；向北冲走了塔克拉玛干海水，越过蒙古高原，一直到大漠深处，到东北的一支回流成了黄渤海；向西一泻，形成西亚的里海、黑海、地中海，远冲到了欧洲大陆，形成了大西洋；向南则直接冲成了印度洋，将南亚大陆深深砸陷成为后来的热带地区。青藏高原周围形成的莽莽昆仑几乎隔绝了东亚、西亚和南亚的联系，连众神对这突如其来的银河落九天一事，也都难记得清楚，后来只留一些零星记忆都保留在《山海经》中。洪水之患正好发生在人类刚要诞生之前，因此使人类产生了洪水记忆，并成为各民族的史前文化之源。后来，流落西亚两河流域的美索不达米亚，发展出了更发达的文明，巴比伦人总没有忘记去造通天塔，那是想要看看洪水之前神州大地啊。

银河落九天之际，霎时间，大地上日月无光，万物失色，奔流直泻，狂风暴雨，天崩地裂，洪水滔滔，陨星降落，烈火炎炎，猛兽恶虫，四处逃窜。天地自然也像是要一起卷进那黑暗深渊。这时，在天际轮值的月亮神女娲，义不容辞又义无反顾地承担起拯救天地自然的责任。

女娲炼五色石以补苍天。炼五色石，即在泛滥成灾的水火之中，清洗银河星辰。五色石就是天河星辰，因溶入水火而成彩石——后人因此把彩色异常的石头叫“女娲石”。女娲先是将滚落到各地的星星石，在洪水中洗净，还原它们那五颜六色、五彩缤纷、熠熠生辉的原貌，这就是炼石的过程。再将这些星辰五色石集中起来晒太阳，直到它们一个个都恢复生命，露出灿烂的笑脸。然后她手持五色石，起身飞天，重新将其装饰到天空银河相应的位置上去，直到繁星点缀天空，在天际露出灿烂耀眼的霞光，成为闪烁之星——群星闪烁，就是在向女娲微笑感谢。就这样，天神女娲不辞辛苦，一遍一遍地在天地间忙碌，组成了一幅幅神女补天的优美图景。苍天已补，银河在天，日月光辉，重耀天地，剩下的就是治理大地上的汪洋洪水了。

女娲因为自然大地的山林树木都被大火烧毁，没有支柱可撑天极，所以就先是让神龟以壳支地，四脚朝天以支撑天极，四脚不够长，就众神龟叠加增高，直达天际。中间若有神龟支撑不住，掉下陆地水中，就要被分配到五湖四海，不再回天际——这本来是发挥各路神仙的能力，先将天极支撑起来，再以神力永固，后来却被诬赖者向太阳神告发，当做女娲罪状之一，说是女娲杀了神龟，用四脚代柱四极，以此将神龟斩尽杀绝，成就个人功绩。后来女娲让神龟一一出面作证，才逐一揭露了上述谎言。尽管如此，从那个时代已经开始，凡是有功之臣都要遭受到“众口铄金，积毁销骨”的经历——连神也有忌妒之心，人类岂能没有啊？

女娲对付陆地洪水泛滥，采用的是息壤止水的神奇方法。即女娲创造了一种能与洪水同升同降自我生长的神奇土壤，来阻止洪水泛滥。后来被大禹治水时重复使用，具体方法已经失传。基本概念大致是用山林烧毁后形成的灰烬拌以芦草，使其能与洪水冲刷下来的泥土相容相结，组成疏导渠道，并且洪水越大随带泥土沙石越多，息壤就越能随涨随高、随降随低，以此阻止洪水漫延冲刷——以息壤疏导洪水之后可铺成平坦而又肥沃的陆地平原，以育万物，这才有后来的黄土高原和各大平原。再让洪水汇入江河湖海，分配巨鳌管理海洋，与家族鱼鳖虾蟹等一起管理大的江湖，此即为走江湖，让其到四海五洋去，建设海洋宫殿，做管水的海洋之神，以定天下之水，鳌鳖等也不再上岸为神。

青藏高原到东海之滨形成三大阶梯地形，使峻峰高原、山林丘陵、平原陆地等资源丰富多彩，并保持相对独立性，作为人类的乐园加以特别的保护，故称为神州。由于神州大地是按太阳运行规律，取东西南北中方位，将其定位为自然大地的中心，所以称中国。天上众神也以神州为中心，天地对应，划分自己的人间乐园属地，这就形成了天地分野。昆仑之墟成为众神的人间驻地，以掌控天下各名山大川，以保自然避免天灾，保佑人间平安，从而产生了诸多的昆仑神话。而正是因为有天神下凡，有昆仑神山，所以古中国才确确实实称得上是神州大地。女娲后来就成为常驻人间之神，曾被称为西王母——古时奶奶叫王母，越往上辈分越高，前面要加上曾祖、高祖等。

由此，不但天塌地陷均得到了治理，而且自然大地又呈现了比往日更加美丽和欣欣向荣的景象。看到自己的辛勤劳动换来这美丽的成果，女娲心情愉快极了，还造了一种名叫“笙簧”的乐器进行了情绪抒发，音乐之声传遍大自然。后来，女娲创造的人类诞生，神州大地形成了中华民族最早的组成部分之一，即华夏民族家园。华夏，即日月光华，华灿灿兮，为太阳崇拜之意，意在标明太阳的民族——至汉代取汉名，地在汉中，汉水之滨，既是华夏正宗源流，也是上应天汉天意，因为银河之水来自天汉，创世洪水形成了莽莽昆仑九脉中国，所以一统天下的汉朝以汉为朝代名，汉民族成为中华民族主体。中国人首先继承了女娲合乐唱诗的传统，并由于日月之神创造大自然和田园风光赋予的韵律灵感，领悟创新发展了图画汉字。世界各地其他种族民族，则是靠着月亮偷着传送给东方祖地的讯息而增长知识智慧，但因为只有音而无字，所以形成了拼音文字；并且因为传颂中国的神奇而形成了西方的神话，并演变为宗教经典。但他们只记得那次大洪水之后的事情了，这是后话。

由于水火二神破坏天宇，违犯天条，最后都受到天神重罚，水神被下放到自然大地，永不再回天，水神潜渊，水天以龙为联系，但共工时时以滔天洪水相威胁；火神回天，火被山脉压迫不再释放，但祝融不时在火焰山显示愤怒。此后，只有火神能自由来去天地间，后来也成了可以上天言好事的灶神。水火相生相克，却不能相容，对人类有不同用处。从此，天界诸神也都有了赎罪方式，即下到人间，化为自然，为人类造福。后来，江河之水皆为共工，而祝融入楚，为楚之祖先，楚地也从此多神灵，常演绎浪漫之风，对周边影响深远广大，为南北东西之神圣精神中心地。

第3编　创生神话——人类的诞生

人类起源神话众多。太阳神创造了宇宙自然，月亮神创造了人类，然后就是这些携带着日精月华的太阳神子孙，作为人类的始祖，分别开始了自己的造人活动，从而形成了众多的造人神话。无论如何，人类的诞生确实是大自然中无比神奇之事，这不仅是日月众神和人类精英的丰功伟绩，同时也是宇宙自然中最伟大的创造成果。因此，无论怎样都要予以歌颂，并且无论怎样歌赞都不为过。因为人类的诞生，日月星辰、云霄霞雾、春夏秋冬、风霜雨雪等自然现象都有了生命的意义，山川树木、江河湖海、飞禽走兽、花鸟虫鱼等世界万物都有了生命的灵长。正是因为有了人类，这个以蓝色、绿色、金色、银色为主色调的地球，才成为宇宙星空中最受景仰、最受关注并且最生机盎然的生命家园。总之，有了人类的大自然才更增添了生灵之气，也因此而更加绚丽多彩、美轮美奂。

9. 女娲造人——日精月华

太阳神创造了一切，但由于太阳过于耀眼，并且每天都会在黑暗之前隐身而去，人们看不清他的真面目，而女娲是月亮女神，月亮的皎洁、明亮、温柔、亲切，就像是太阳神的化身，所以，人类一开始是以月亮作为自己母亲的。也就是说，在人类眼中，太阳神与月亮神已经分别有了独立的形象与分工。

月亮神女娲每天与太阳之间是日月轮值，万里长空，匆匆忙忙，阴阳交替，昼夜交隔，总是相见短暂，孤独时长。开始时，女娲不免寂寞，于是，她化育万物，创造了她所能想象到的宇宙自然的多姿多彩的情形：她让大地披上了绿衣，大自然便有了山林树木；她让雨露滋润大地，大自然便有了花草果苗；她让天地阴阳交合，大自然便有了鸟兽虫鱼。有了自然万物的大自然生动多了，只是，万物的生动还缺少一点儿日月的灵气。

女娲每天与太阳日夜轮值，因此只是与太阳短暂见面交接，更多时候是在宇宙自然中独行，她与太阳本来就是一体两面，不免相像，于是，她在心中勾画太阳的形象——这就是月亮当中总有明暗光亮形象变化的原因啊。

女娲心中形成了日月星辰与大自然共同生活的生命图景。于是，她以想象中太阳神的形象，同时也按自己的形象开始了创造生命的活动，即开始了创造人类之举——女娲造人，是为了日月之神有更好的生活，是为了让人类作为自己的化身之一，以使自然更加美好啊。

女娲全神贯注，以泥土和水创造了第一个形象，左右端详，怎么看怎么像缩小比例的太阳神，由于这种特别的感情，她像是真能与太阳神在一起的样子，不禁喜悦无比。然后她又依照自己在水中的影子创造了同比例的月亮神形象，看到自己惟妙惟肖的样子，她又不禁欣喜若狂，欢快地与日月嬉戏，享受着自然生活的快乐。她忘乎所以地又创造了多个类似的形象——这些日月形象的人形就是太阳神和月亮神的后代啊。

女娲造人的速度随着日月旋转而不断地加快，挥洒到空中的一串串泥浆，溅落后都变成了一个个活灵活现的人形，即使溅落到猴子等动物身上，也会将动物变成如同泥造的人。浊泥带水创造的人类像太阳，那就是后来的男性，清水少泥凝成的人类像月亮，就是像她一样的女性。人类的男性，身体健壮，筋肉发达，骨骼坚强，精力充沛，气色阳刚；人类的女性，身体柔嫩，丰腴美满，碧玉晶莹，秀色阴柔。每当一对男女造成，就自然地产生了相互间的吸引力，一起蹦蹦跳跳，欢快地四散而去。

由此，本来已经是太阳神和月亮女神的女娲，也成为化育万物和创造人类的女神。正因为女娲最早创造并养育了人类，所以才能在任何时候都会挺身而出竭尽全力保护宇宙自然人类家园，人类也因此而对日月之神总是抱有无限敬仰之情。

女娲是在大江大河岸边细沙碧水之地造人的，所造之人原本是晶莹剔透的玉人——人类的本色就是玉色，只是后来才流动到世界各地，并由于距离太阳神的远近和太阳神亲吻程度不同而分为三大人种：距离太阳神最近的是黑种人，他们因太阳神的直接抚爱而黑肤卷发；距离太阳神最远的是白种人，他们因企盼太阳神而眼窝深陷、鼻梁高挺；和太阳神距离最适中的是黄种人，因为他们最接近人

种本色，所以笑得开心而生长着铲形门齿。后世，由于人类各种族都不断地流动、移民和混血，三大人种也有肤色上的演化，又产生了多种肤色的人种，而各色人种在世界各大洲都有分布。各大洲大洋原来并没有被命名，后来因古神话创造出来众神之名，才流传为通用的名字。总之，人类都是太阳神的种族民族，都是日月照耀下的子孙后代，不仅在太阳下一律平等，而且有共同维护人类与自然永远处于和谐平衡状态的使命。人类所能信仰的精神之神就是永放光芒的太阳之神。

女娲造人时按清浊分造了性别男女，所创造的男性最早也称为女娲，女性则仍统称女娲。伏羲之所以被称为伏羲，是因为他在晨曦中出生长大，意即男性的太阳神——这是第一个有名称的人类男性，以后也用以代称男性，并作为部落氏族之原始名号。

女娲创造的人类都是日月之神的后代，只是由泥和水造的人类有生命的时限，必须有生命延续长久的方式。

于是，伏羲、女娲便被月亮神引导到了昆仑之墟，因为昆仑就是古音混沌，到昆仑山就等于再回到混沌状态，伏羲、女娲都是以树叶罩衣，长发遮面，处于仙雾缭绕之中相依等待黎明。旭日东升之时，月神化为凤鸟飞到太阳之上，成为日中之乌——太阳神创造宇宙自然，不就是这样日月拥抱，缠绵悱恻，才化生了天地万物的吗？那是一幅多么壮美的图景啊。伏羲女娲似乎从中悟出了日月东升西落、阴阳互补、交替变化的道理，于是也像日月一样合体互补，结成了夫妻。从此，人类就成为能自已繁衍后代的物种，人类的性别就分为他和她，男女结合成了人类繁衍发展的必需。伏羲女娲的子孙，也自然成为人类繁衍后代的先祖，因其懂得阴阳规律并按时掌管天下四方，也被称为四方神，主掌大地阴阳四时，指导人们依时婚配、起居、生产、生活，使得人类能世世相承、代代相传。

后世人依照想象描绘过伏羲女娲的形象，流传下来一些伏羲女娲的图像，如其中的一幅伏羲女娲交尾图，伏羲与女娲是人首蛇身交尾，并且各自“手持规矩”，或“手捧日月”，分别成为创造神和宇宙主宰神的象征，这样，其思想内涵已经从一般的“生殖文化”、“生育之神”，而成为“化育万物”的创世之神。

10. “人日”礼俗——乾坤造化

从太阳生于混沌，天地得以开辟，到日月化育万物，有了阴阳之分，再到女娲造人，创造了万物精灵，这些过程本来都有所先后。混沌、日月、天地、自然、万物、人类——这就是宇宙创世顺序。

但乾坤造化之事，究竟孰先孰后，自然万物作为被创造物，自身并不知道，只是因为这先后顺序之事，关系到自然万物相处的关系，有时候，不确定其先后顺序，就不能协调好相互之间的关系，就会引起矛盾冲突。为此，人类就曾与动物起了争执。

人类诞生之后，一开始是把自己当做像动物一样的生物，一样地生活与生存，天长日久，随着人类对自然万物的熟悉，他们开始发现自身与自然万物的差别。因为人类具有比自然万物更多的主动性，特别是有着与自然万物相比更强的思维能力，他们能按照自己的智慧创造自己的生活，可以不像自然万物那样被动地生存。自然万物是太阳巨人身体创造的，女娲造人是按照太阳神和她自己的形象创造的，人类是太阳神智慧的创造成果，这也许是人类更像太阳神的缘故吧。

当人类开始创造生活之时，他们不但要采摘植物花果，而且要狩猎驯养动物。植物默默无言，动物却不平则鸣。开始之时，动物不愿意服从人类的驯养，因为它们认为，动物生于自然、长于自然、归于自然，与自然的关系更为和谐，它们要比人类早出生在自然界，人类只是后起之秀，应该尊重它们，而不是驯养它们，更不能以它们为食物。所以它们在与人相处时，表现得特别凶猛，它们认为，不是人类驯养它们，而是要由它们主宰人类。动物界不少的猛兽和猛禽一直到几千年后，始终都是这种观念。

人类认为自己是太阳神的直系子孙后代，是自然万物之精灵，有统率自然万物的智慧，所以可以高高在上主宰天下。于是，人类与自然万物的关系矛盾重重，有时还到了激烈搏杀的程度。由于人民少而禽兽众，人类当初并不占有绝对优势。这时，动物无法表达自己的意愿，也不能向人类证明什么，只是前赴后继地与人类搏击，希望以此成为胜者。人类则建立起原始宗教信仰，通过祈祷，向太阳神求证：人类与动物，孰先孰后，应该如何相处，人类在自然万物中的地位究竟如何等等。

结果，太阳神和月亮神都证明了，是动物先于人类被创造出来，人类与动物等万物都要在同一自然天地生活生存。人类虽然有更高级的思维创造智慧，但也时刻不要忘记和注意自己的动物本性，否则会因此受到惩罚。

太阳神同时告诉动物，人类智慧远远超过动物，所以动物应该被人类驯养保护，否则会因为生存条件的改变而灭绝自己的种族。动物有些不服，因为当时它们的力量确实比人类要强大得多，至于未来如何，那是人类也未必能知道的事情，不必过多担忧，先争得主宰地位再说。

于是，日月之神决定就以智慧判定人类与动物谁是万物之灵。

日月之神先以启蒙水平讲述了一遍宇宙创生过程，然后要求人类与动物各自简单复述所教的宇宙创始知识。结果，人类马上就夸夸其谈起来，动物则不知所以，只是摇头晃脑，摇尾乞怜。动物在思维能力上还是远远不如人类。植物则自知还不比动物，更愿意远远观望。人类才是按照太阳神和月亮神本身的形象创造出来的，因此具有能够理解天意的智慧。

日月之神告诉的七日造物的顺序是：正月初一造鸡，初二造狗，初三造猪，初四造羊，初五造牛，初六造马，初七造人，此即“人日”之俗的由来。后来又加上初八为谷——唯一代表植物的日子，以祭祀五谷日。中国古代的“人日”礼俗，出于祭祀等需要，也是创世神话的民间遗存，直到近代，都有以正月初七为“人日”的习俗。人类做了自然万物灵长之后，驯养动物的顺序，正是动物被创造的顺序——鸡狗猪羊牛马。数字产生之前，人类是用自己所熟悉的动物来计数和计时的，古人特别熟悉大自然的天文地理、温凉寒暑、循环往复。

天地四时，人之始也。人类为纪念七日造物之说，首先以祭祀的礼仪来表达崇拜敬仰之意。以六种动物为顺序，人类也开始了认识和发展自己的文化或文明的历史过程。最早结绳记事，就只是七八个数，就是因为以创生顺序和驯养的动物列数。虽然也用于记录占卜之事，但这种以身边熟悉动物来记事计数，可以将复杂事务简单化。如，曾分别以鸡狗羊猪用来记录春夏秋冬，即四时和四季；还分别以此为序来记录东南西北四方和青赤白黑四色，以马牛来记录天地阴阳乾坤。伏羲就曾记为马，女娲也曾记为牛。这样，对古人而言，生活和生存就有时序可以遵照了。

人类具有能理解神意的智慧，这使日月之神亦喜亦忧，可谓是喜忧参半啊。因为，从最初的表现看，人类虽然有智慧却容易得意忘形，恣意妄为，妄自尊大，目无一切，这些表现早晚都会有害人类自身和自然界，是需要加以提示和约束的。如何约束人类的行为，这是日月之神曾冥思苦想的事情，最后决定，以十二生肖让人与动物相伴，用这样一种简单方法，时时提醒揭示人类是因为理性而超越动物。按古神话，女娲造人时，以十阳和十二月计数，并以此分阴阳男女，所以产生天干地支，实际含义是对万物产生着直接影响的日月循环往复周期运动，十二生肖因此产生。

后来，日月之神专门为人类创造了独有的精神世界，要他们时刻牢记创世的艰辛，记住人类和自然万物时刻面临着生存危险，警示人类要时时与神灵沟通，以使人类懂得自身的局限性，人类远远不是万能的，在人类之上还有太阳神，宇宙自然运行，太阳的威力，这些都是人类远未掌握的规律性，只有太阳神才知道的神秘性。由于这些神秘莫测的世界远未可知，所以人类需要受精神世界的约束，只有人神合一、天人合德时，也即人神心意相一致时，才能获得改造世界的法宝。

一方面这样可以让人类知道自己智慧和命运的有限性和真理的相对性和永恒性，必须不断地追求才能延续永久，另一方面也可以让他们永远对天地自然之神怀有敬仰恐惧，避免一意孤行、损害自然，最终实现天地沟通、天人合一、永保和谐。

至此，人类所赖以生存与生活的自然界与精神世界全部建成。

卷二

英雄史诗

——中国人的史前英雄

太阳神的后代，龙凤的子孙，银河天汉的神州，多民族统一的中华，中华民族的神话时代就是文明起始的英雄时代。原始先祖中的三皇，是构木为巢的创造者，也是智取天火的发明家，是八卦天地的人文始祖，也是奠定农草基业的创始祖先。继三皇而来的五帝，是真正的天之骄子，因为他们的英雄豪杰似的创造发明，中华民族的千秋大业才得以开创和奠基。自从盘古开天地，三皇五帝到如今。英雄的国度，英雄种族的后裔，炎黄子孙，中华儿女，群星灿烂，前赴后继，英勇献身，慷慨激昂。最古老的英雄史诗，保存着最辉煌的历史，古老文明传统的精神血脉，只有得以继承创新发展，才能贯通于千秋万代。打开那光辉灿烂的篇章吧，让我们感受一下英雄的气息！

第4编　太阳使者——英雄史诗之源

太阳神的子孙，从自然万物开始认识世界，从与动物为伴的经历中体味人生，从渴望知道与接触太阳神的企盼中创造了精神图腾。远古的图腾神话，最终演变成龙凤文化，从此，中国人有了自己的精神旗帜，龙凤成为中华文化的核心内涵，影响了中国传统文化的形成。龙凤从远古的图腾，到思想信仰，再到文化标志，已经不仅仅是简单的文化现象，而是成为了民族精神的象征。

11. 神州部落——图腾王国

太阳神的创世运动，造就了大自然的雄浑伟岸，也养育着太阳神的子孙万代。

远古的时候，东方大陆的青藏高原已经开始成为地球之巅，它的周边以远，已经从最初纯粹的冰原世界消融成为水的世界，后来水入大海，陆地变迁，才形成各个大陆的山脉、高原、盆地、丘陵、平原和沿海地区等。那时候，发源于青藏高原的天水，汩汩滔滔，汇成一条条千里奔波的大江大河——犹如神州大地上的血脉——再汇入海洋，于是，从雪域湖畔到陆地海疆，都变成了山川秀丽、树木葱郁、土地广袤、雨水丰足、气候温和、水草肥美、绚丽多姿的地方，这就是太阳神的子孙后代生生不息的家园——中华民族远祖生存聚居的神佑宝地。

日月的光辉照耀着神州大地，河汉昆仑养育着太阳神的子孙后代。只是，人类当初并不知道自己是太阳神的子孙，而包括自己在内的自然万物都属于太阳神的创造物，既无法去追溯更久远的祖先，也不理解所生存世界的诸多奥秘。原始时代的人类只是视自身为自然万物中的一员，开始也是像动物一样地生活着，一样地敬仰太阳神并崇拜宇宙自然。

人类从一开始面对着自己所诞生的这个自然界，首先产生的就是敬畏感，敬仰的是大自然的无比威力，畏惧的是自己的生存威胁。因而，如何保护自己并生存繁衍下去，就是远古先民面临的最大问题，人类最早的企盼，就是呼唤能保护自己生存繁衍下去的各种神灵——氏族部落生存的保护神和繁衍的祖先神。

太阳神的子孙，有着天然的对自然现象和自然万物的亲切感，他们在自然现象和自然万物身上发现了神灵的身影，也发现了自己的亲族所在，于是，他们创造了图腾形式——氏族部落的祖先神和敬仰神。通过图腾，氏族、胞族、部落、联盟等能找到自己的亲族群体；敬仰崇拜这些图腾，同时也是建立自己与神灵的沟通渠道。这些被崇拜的图腾，就是太阳神的使者，根本上是对最大的神灵——太阳神的崇拜。图腾是人类文化的源头之一。

当初，因为“人民少而禽兽众”，人类还远不如动物强大，各种山林和海洋动物都继承着原始动物的基因，庞大强悍，凶猛食人；与此同时，不少自然现象如雷电风雨天地水火等等，变幻莫测，威力无边，都给人类留下了十分深刻的种族记忆，他们认为这些动物和自然现象都具有人类不可比拟的神力。于是，越是敬畏的凶猛动物和奇异的自然现象，就越成为人类渴望拥有的神力，它们最终被选作成了祖先神和保护神。人类在成为宇宙自然和自身的英雄之前，先是崇拜自然万物中的英雄，即那些人类所畏惧并渴望成为的奇异自然现象、强大的动物和神奇的植物。于是，自然万物中，包括天上能飞的、地上能跑的、地下能动的、水中能游的，包括天地间的雷电风雨云雾等，凡是能见到的动物植物和自然现象，甚至能想到的事物，都成为了氏族部落林林总总的标志和纷纷扬扬的旗帜，这就是图腾崇拜王国。

神州大地上的中华民族祖先，远在三皇五帝时代就有了各个图腾部落。众多的氏族部落，有的以蛙、蛇、鳄、鼋、龟、鳖等水族为图腾，有的以燕、鸡、鸷、鸢等鸟族为图腾，有的以熊、罴、鹿、牛、羊、猪、马、蛇等兽族为图腾，有的以山、水、土、树、花、草等自然物为图腾，有的以雷、电、火、风、雨、云、雾等天象为图腾，有的甚至就以貅、貔、盘瓠等自己的想象物为图腾。每当各氏族部落开展图腾崇拜活动之时，不论是高高的图腾柱、威严的图腾物、众人的图腾装饰、庄重的敬神举动、虔诚的崇拜仪式等，都像是组成了一幅幅精彩绝伦的图腾王国画面，景象令人赞叹不已。

炎黄时期为游牧与农耕及狩猎等各民族的融合期，游牧民族的狼图腾天崇拜，狩猎民族的动物图腾神灵崇拜，采集渔猎狩猎民族的鸟蛇图腾龙崇拜，刀耕火种农耕民族的天地神崇拜，都在氏族部落的融合中兴衰存亡，图腾旗帜也不断地演变消亡，逐渐形成代表更大部落民族的主要图腾旗帜，如鸟、蛇、龙、马等等。

图腾不仅仅是精神崇拜的旗帜，同时也影响到社会生活的方方面面。因为，图腾既然是氏族部落的旗帜标志，就天然地具有了统领职能，所以可用做管理官职名称。

图腾不仅是吉祥物、保护神，而且还是姓氏来源，同时也是部落文化活动的主要内容和形式，如十二生肖就是以动物名称命名于人，另如朱襄氏、葛天氏操牛尾以歌八阕，就属歌图腾之舞。

图腾也是解释血缘关系的必要，没有图腾古人就解释不了“知其父不知其母”的身世。图腾又不仅是氏族来源，而且虽然经过千百年的演变并没有彻底消亡，部分内容成为后世姓氏来源。

到夏商周三代还留有图腾习俗，如夏有马图腾，商有鸟（凤凰）图腾，周有鹿（演化为麒麟）图腾。众多图腾旗帜因为民族融合而最终凝聚归一成为龙凤图腾，并且由初始的动物图腾，发展为天象图腾，到大一统朝代以后，龙图腾已经发展成为天命图腾——代表天和日的至高无上的形象。再后来，因为越来越抽象化，相当一部分图腾的内涵与外延都演变得与原始意义有所不同，甚至面目全非，已经不再是单一的祖先神和保护神的意义，而是变成了集美丑善恶于一身的综合文化风俗崇拜物、娱乐物和戏谑物，甚至是对立物。如龙图腾、狼图腾、蛇图腾等都具有了更加丰富多彩的形式与内容。这正是中国传统文化的特点所在。

图腾崇拜是人类精神文化的主要源头。图腾崇拜产生于万物生灵的自然崇拜，发展于祖先崇拜和鬼神崇拜，最后由太阳崇拜而抽象为天神上帝崇拜或天命崇拜。太阳神崇拜是原始宗教走向神学宗教的最后阶段，进一步发展即为抽象化的天崇拜，以天为更博大的崇拜对象，要比太阳崇拜具有更抽象、更广大的逻辑内涵；而在天命崇拜和天道哲学成为制度化的中央王朝宗教神学之后，太阳崇拜的内容与形式在民间仍然有着广泛的影响，并且传播到周边国家和地区，甚至成为其国教形式，如日本、韩国等。

因为图腾崇拜的精神信仰源头性质，往往影响或决定了人类各部落民族的思想和习俗，决定着他们的文化传统和发展方向，对传统文化产生了不可估量的巨大而深远的影响。

12. 龙腾华夏——龙凤文化的起源

神州大地的图腾时代，虽然经过了无比漫长的过程，但最后却终于归结并形成了龙凤旗帜，并最终成为中华文明的经典思想文化表现形式，特别是成为了中华民族的传统旗帜和象征，这既是中国传统文化特色所在，也成了一个千百年来争论不断、众说纷纭的千古之谜。

由于图腾本身的性质意义所决定，龙凤图腾的最终形成过程，已经十分清楚地展现了中国传统文化的起源、发展和定型的轨迹。综合而言，龙凤形象，源于图腾，升华于图腾，是一个由动物之龙、图腾之龙，到天象之龙、物象之龙以及天命之龙和文化之龙的演变转化过程。即，虽然曾经在自然界中有某种图腾原型，但本质上是基于民族融合统一历史进程中的文化创造，是一个产生于图腾崇拜，因文化精神追求而统一的过程。毫无疑问，龙凤形象都来源于部落图腾，但是，能够最终成为中华民族统一旗帜的龙凤图腾，却既不是某一种特别动物的独占鳌头，也不是各种动物图腾的简单拼凑组合，而只能是中华民族统一进程中，通过各部落图腾形象的天象模拟和类比认同等方式，先由下而上，再由上而下地演变形成的。也就是说，中华民族统一与文化精神融合，才是龙凤形象形成的历史主题。

追根溯源，中国龙起源于距今八千年的新石器时代。龙凤形象最早都出自于图腾形象，原型动物都源于各个氏族部落图腾崇拜物，如鳄龙（鳄鱼图腾）、蛇龙（蟒蛇图腾）、猪龙（豕图腾）、闪龙（闪电图腾），此外还有马龙、夔龙、火龙、蜥龙等说法。由于图腾的意义和作用（其中也曾发展为巫术占卜的作用），它总是要被神化，或预示精神力量，或模拟自然天象，或展示万能神力，这样就使动物图腾与自然天象在意义上紧密联系起来，神秘的自然天象也就同时成为神性物象表现和动物图腾的化身，龙图腾这个带有普遍性神圣崇拜意义的形象就诞生了。具体而言，所有部落图腾当初都是有神性的动植物图腾，而当这种神性与自然天象的神秘表现相联系之时，动物图腾模拟天象神力，也就变成了天象图腾，神秘的天象也就以图腾为化身得到了崇拜认可，龙图腾就是这种在众多部落图腾中被最终选择和普遍认可的物象图腾崇拜物。例如，以蟒蛇鼋龟等动物为图腾的部落，本身是以动物图腾为崇拜物，而当其看到某种自然天象如雷电等出现，并显示出

惊人神力之时，氏族部落便会把这种神奇天象与自身图腾的神圣性联系起来，蟒蛇鼋龟等就可以成为这种物象化身，就成了龙图腾形象。凤图腾演化也大致如此。

实际上，发现动物能够预知自然天象和利用动物来预知自然天象，这是人类最早具有的能力，也是动物图腾能够产生的原因之一。动物图腾与天象气候联系起来，自然现象中的雷电风雨阴晴霓虹才能成为图腾形象；而当图腾与天象相联系时，天象也就十分自然地被演化成了天地万象。形成天象观念，才出现天象之龙——龙成为正式名词，是在天学（皇权垄断天象观察，实际上就是天文学）经验总结之中。这样，龙是动物，也是天象，既可以是日月星辰、雷电风雨、江河湖海，也可以是山林动植物等自然万物，龙的化身真可谓无所不在。因此说，龙图腾形象的最初产生过程，总体上是一个动物图腾模拟天象神力的过程。

与此同时，龙凤图腾的产生过程也有一个类比认同的历程。中华民族在形成自己的统一体之前，并没有统一的图腾旗帜，神州大地上的众多图腾部落，都高高飘扬着自己部落的图腾。在民族融合的过程中，已经成为统一民族成员的各部落，也没有改变自己的图腾，因为那是他们的祖先神和保护神。只是，由于统一民族内形成了各氏族部落争相拥戴以龙为图腾的酋长部落，成为受各氏族部落敬仰崇拜的中心，这时，龙图腾就同时成为统一民族各氏族部落的天神和保护神，与之攀比的各部落动物图腾，不论其图腾原型是否是龙，也都会把之当做该部落的龙，或者对外以龙称命名自己的图腾——如鸟龙、猪龙、鹿龙等，有的把鳄类、蜥蜴、蛇类，都当做是龙的家族，有的则称鸟、马、麒麟等为龙，有的把风雨云雾等自然现象看做是龙的形象，有的甚至加入想象中的瑞兽和以示祥瑞的龙形，从而形成龙图腾种类众多的现象。各氏族部落都能从统一民族的龙凤图腾形象中找到自己的图腾依据——能在龙图腾旗帜上看到几乎所有动物形象或各部落图腾的影子，各氏族部落也都可以声称龙图腾属于自己的图腾和旗帜形象。这就是自然崇拜中的类比认同规律所发挥的作用。

于是，从龙图腾时代，中华民族就形成了既保持各自民族特性习俗，同时又是多民族统一共同体的传统。所以，中华民族统一的龙图腾旗帜形象的形成，并不是简单的图像综合与描绘，而是与相应的精神崇拜内涵仪式结合在一起的。它既包含了自然崇拜、巫术崇拜，也包括了祖先崇拜和鬼神崇拜，最后进入到宗教神学和天命哲学的较高层次，这使其精神信仰形式有了更深刻的逻辑理论基础。龙图腾旗帜已经逐步实现了宗教与哲学、政治与文化的抽象和统一，而只有实现这种精神哲学的结合，才能成为统一民族的永久的灵魂。

龙图腾从动物之龙、天象之龙到天命之龙的演化，则是图腾崇拜由形象到抽象的过程。龙图腾形象在不断的发展中，也越来越抽象化，越来越只具有象征意义，成为纯粹的精神旗帜，这也正是龙图腾形象能够成为统一民族精神的本质特性所在。当一面神圣的龙图腾旗帜以云中腾飞之龙的形象出现时，他所代表的就是一个统一民族的天命所在、皇权所在和精神所在。天命之龙已经被纳入宫廷皇家天道、天命正统思想体系之中，成为最高神、至尊神，是君权神授并神圣不可侵犯的圣物。龙凤后来成为皇权专有的标志，代表着至高无上的权威和尊严，皇帝称真龙天子，其床为龙床，其服为龙衮，其船为龙船，其后裔为龙子龙孙。传统中政治、文化、哲学、艺术甚至民间节日中无不以龙凤为突出特色。

龙凤图腾从远古部落的原始崇拜物，逐渐演变为民族的精神文化，成为民族精神信仰，根本上不仅是图腾旗帜的定型，也是天命意识的最后形成——龙成天象，这就是龙的抽象意义。龙图腾的产生和形成，是东西方文化的分水岭。正是因为有了龙图腾，中华文化从最原始阶段便建立了自己的自然哲学的精神支柱，从此与西方宗教哲学的精神支柱区别开来——西方之龙因为宗教思想的渲染，始终没有改变恶龙形象。

与此同时，龙图腾的意义和作用在官方和民间出现了文化上的分野。与宫廷皇家天命之龙有所不同，民间文化之龙更多表现出的是风俗文化之龙，形象上是角似鹿、头似驼、眼似兔、项似蛇、腹似蜃、鳞似鱼、爪似鹰、掌似虎、耳似牛，而龙的神性是天地通灵、自由往来、风雨云雾、飞舞隐现、阴阳幽暗、怪异善变、祥瑞祸福、威风八面，也就是无处不在、无所不能，是全能之神。中国民间的龙，种类繁多，家族庞大，且美丑善恶应有尽有，演化繁衍出丰富多彩的家族系列。它们既是扬威制胜的旗帜，也是避祸远害的思想信物；既是祈福纳祥的精神圣物，也是节庆娱乐文化偶像，显然都离不开精神崇拜和价值追求等人文主题。

龙凤并称，是因为它们都是最早的图腾崇拜物，而且都是天象龙凤——太阳崇拜系列的神圣图腾标志。凤家族包括鸡凤（家鸡）、乌、凤鸟、鸾鸟（类似孔雀）、鸷鸟（号鹰）、玄鸟（燕子或乌鸦）、鹄、凰、朱雀、孔鸟、鹳、鹭、鸳鸯等祖型。凤凰为鸟以示风，是风神的代称，与太阳（火）不可分，也为太阳鸟的象征，俗称丹凤朝阳，是日中三足乌，那个载日飞翔的鸾鸟，因此也与太阳崇拜有直接联系。凤本来是男性的象征，无论是雄鸡报晓、燕卵生人，还是乌鸦负日，都表现出雄性力量，但有龙之后，凤便转变为女性象征。开始凤凰自有雌雄，后来以凤配龙，凤凰则专指女性。凤鸟冠羽，雉翎状或孔雀眼斑翎状图腾。凤鸟图腾广泛分布在东西南北，各部落民族都有，形象也大致相同。如，太昊风姓、炎帝三足乌、东夷凤鸟、少昊凤鸟等，可号百鸟之国。凤鸟由分到合，越来越复杂，越来越高雅，越来越艺术化，如，由有五彩花纹的凤凰鸟，演化为有鸿头、鹿臀、蛇颈、鱼尾、龙纹、龟躯、燕颔、鸡喙的神瑞形象。天象之凤为南方朱雀所表现的星象。龙凤形象往往共同预示或表现祥瑞，如“麒麟降生，凤凰来仪，黄龙出现”，就是用来说明盛世预兆的；同时，凤冠霞帔也成为命妇之礼服。龙与凤的这些特点，使之较其他天地万物具有更多、更重要的成为神圣的条件。于是，龙凤结缘，成为文化核心内容是相辅相成、相得益彰的，龙凤图腾因此成为了中国传统文化的必然选择。

龙凤形象是农业文明的最高想象，是农耕文化思想的最高抽象。在皇权宗教的强势地位下，皇权垄断天命信仰，使得天道高远、天命靡常、皇权威严、深不可测，不可言喻，民众不能窥测。与此同时，宗教体系的三位一体，使得皇权宗教代天言事的意志又必须表达于世俗民间，因而，必须选择一种能够代表天命皇权的旗帜以统一精神信仰。于是，同样变幻莫测的龙凤形象就成为代表着神圣天命的统一旗帜，成为了中国传统文化的精神图腾，这也是龙凤崇拜能千百年来卓立于世的根本原因。龙凤文化是中国传统文化的核心内容之一，它比较集中地代表着中国传统文化思想意识、价值观念和精神信仰。只有认识到龙凤文化精神思想价值，才能算是认识了龙凤文化的本质。龙凤精神作为中国人的精神和灵魂，代表着传统文化积淀最深的文化内涵，是代表中国文化形象的最鲜明思想旗帜。正是由于中国传统文化龙凤旗帜的深远意义，才成就了中华民族的天之骄子、龙的传人等美誉。自从认识到宗天神学并以龙凤为自己的精神旗帜之后，中国传统文化就与西方宗教神学分道扬镳，走上了自己独特的文明发展道路——这也是中国至今仍被认为是世界上为数不多的貌似不信仰宗教的国度之一的原因所在。中国文明至今仍具有着与世界其他文明交集互补的特点，这正是中国文化的魅力和影响所在。

在华夏中国创造了龙凤精神，从而升华了自己的宗天神学之后，太阳崇拜等传统精神信仰就降至次要文化地位，只是在文化落后地区和周边属国保持着，甚至演化至今。中国的龙文化在现代中国依然保持着强大生机，并且不断地扬弃封建主义、神秘主义、专制主义的消极因素，从而使得中国龙文化在中华民族的国家统一、民族复兴中，仍然发挥着其强大感召力、凝聚力、向心力。同时，发掘中国龙文化的深层内涵，也有助于解决当代世界的文明冲突。

第 5 编　龙的传人——“三皇”的英雄传说

中华民族源远流长，人们常说的中华上下五千年文明史，是有记载的文明史，若计入传说的历史，那就超过了一万年。在中国古史的传说中，有一个名为三皇五帝的英雄史诗系列，这些英雄人物不愧为太阳神的子孙，他们开创了中国远古历史的创造主题和英雄主题，形成了一个中华民族的始祖英雄时代。这些远祖英雄们既是血统上的祖先，又是道德上的表率，还是政治上的领袖，同时也具有一定的神性，因而也是宗教上的神灵。正是由于这些英雄始祖们的发明创造了诸多贡献，中华民族才得以从茹毛饮血的穴居时代，走向刀耕火种的农耕时代；从野蛮走向了文明；从原始走向了现代。英雄始祖的事业，使得太阳神的伟业得以继续发扬光大，他们的英雄历史应该是最完美的英雄史诗主题。

13. 穴居英雄——人类村落时代

人类诞生之后，在自然界中生存，一开始是像动物一样地生活着。人类最初也把自己看做是自然界的一部分，没有觉得自己与动物有什么本质区别，因此很长一个时期是在自然状态下同自然万物一样地生存与死亡。

在采集狩猎、茹毛饮血的原始时代，人类还是弱小的，几乎当时的所有动物都可以成为人类的天敌。当时，原始先民不仅要面临着风霜雨雪等自然环境的考验，而且要躲避雷火洪水、山崩海啸等自然灾害，更时刻都要抵挡野兽的攻击。

人类只能在大自然中学习生存。最初只会爬到树上摘吃果实，哪里有就到哪里去，可果实有季节性并总会被摘完，所以不得不从采集进步到渔猎，进而去狩猎围猎。只是，不论是渔猎还是狩猎，所捕获的鱼类和动物，只能生吞活剥，这就是所谓的茹毛饮血，此时人类跟野兽没有分别。

除食物之外还有居住问题。人类是最早进化的，因而身上的动物性也是最早退化的，越是进化，动物性就越是退化，抵抗力就越来越差，对生存条件的要求就越来越高。人类越来越不能像动物一样地随便就食、随处可居，最后，自然万物中就属人类是弱者，自然灾害和动物危害对人类的影响越来越严重了。

在人类与动物杂居的时代，人类还分不清自己与动物的区别，因此谈不上什么居住。与其他动物一样，山崖下、草坡旁、高地上、树林中、山洞里，凡是适合自己休息的地方，都是自己的家园。到了穴居时代，人类开始注意居住方式的影响，更多的是住在山洞里，并像动物一样打洞居住。

洞穴阴冷湿潮，居住在山洞里，也会因无法抵御的寒冷和生食所引起的疾病从而引起大量死亡，更会被狼虫虎豹吃掉。特别是在平原地带，在树林栖居或陆地风餐露宿，更无法抵御野兽和风雨的袭击，所以，如何创造更多的居住方式，

是人类努力改善自己生存环境的必然方向。

在这期间，太阳神之子有巢氏就作出了巨大的贡献，巢的发明有重要进步意义。在他的努力下，人类开始了家园建设，并因此而从穴居时代走向了村落时代。

有巢氏告诉人们，虽然人类的自然抵抗力不如动物强，但人类相对灵巧聪明，总是比动物思考得更多，也就有更多聪明的办法。要在防护自己免于自然侵害和动物侵袭过程中，去学会各种躲险避害方式。比如，在狩猎和躲避猛兽时，就要先学会用自然物保护自己，戴上草帽树皮就可以把自己伪装起来，再寻找并抓住制服野兽的机会。再比如，要利用人的智慧和人体的灵巧与野兽周旋。遇到黑熊躲避不开就要倒地屏息不动，黑熊因不吃死物就会离开；遇到野狗野狼躲避不开就要及时爬到树上；而遇到野猪则还要选择够粗的树或两棵相邻的能够互相攀附的树上，否则野猪会咬断树根等你掉下来再吃掉你。

有巢氏教育人们，动物是自己的天敌，但也是最好的老师。人类也要向动物学习生存本领。如，人类要从动物那里学会穴居与巢居。这是最早的仿生学成果——这就是巢居和穴居时代。

有巢氏最先发明了构木为巢的居住方式。有巢氏的聪明，在于其因地制宜和远祸避害的设计思想和高超的建筑本领。

人类也曾像鸟类一样在树上栖息，但那是比鸟巢还要简单的树叶遮蔽身体的方式，人人都会。人们也曾结草为庐，但那可不是后来的草房，而是特别简单的遮风挡雨的棚子。开始时，人们对有巢氏还能有什么高明构巢方式表示怀疑。

有巢氏的构木为巢，不是简单地在树上搭个鸟巢就让人们住进去，而是有着合理构造和防护功能的巢居之屋。有巢氏因此创造了一个向众人示范的巢居树屋。

他为自己所创造的居处，是树下躲避、树腰搭棚、树上栖居的多层结构树屋。树下可躲避，是在树下周围要有防护沟，以防止毒蛇蜈蚣蝎子的侵袭；树腰搭棚，是在树腰搭出房子，要有平铺的地板、竖立的隔板、网状的窗口和搭出的屋顶，这样才能挡风遮雨并防止大蚊虫叮咬；树上栖居，就是要有所瞭望，防止猛禽攻击破坏树屋。在当时的条件下，能想到做到这一点就已经是了不起的创造发明了。何况，演变到后来成了高脚屋建设模式，其中不少原理，现代社会也还在应用呢。

有了有巢氏设计的树屋，就可以基本上防止人类被虎豹豺狼鹰犬秃鹫等飞禽走兽咬死、拖走、吃掉了，但还无法应付诸如大象、狮子、恐龙、犀牛、鳄鱼等大型动物攻击，所以，那就只有加强瞭望，及时躲避了。

人们争相学习有巢氏的构木为巢方法，建立了营造法式，大量地建造树屋，形成了“筚路蓝缕，以启山林”的辛酸却壮观的场面，极大地改善了原始先民的居住条件。

到底是先有地下窝——穴居，后有树上巢——树屋，还是树上树下相结合，由于年代久远和混杂多样，现在也弄不清楚了，只是知道人类曾经是冬穴夏巢。在那以后，有巢氏还把构木为巢的方式应用到地上房屋建设中去，带领人们改造了穴居结构，创造了地上打穴、半穴半巢、平地筑巢等结构坚固的房屋居室，使得原始先民不但能够躲藏躲避和群防群护免遭动物伤害，而且还能经受自然雨雪的考验。

在有巢氏的带领下，最初的人类家园终于建立起来了。

人类居住条件的改善，有利于人类的生存繁衍，房屋建设成为了人类文明的进步成果为人类一代一代地继承下来。人们终于可以进一步脱离动物界，向着更加文明的社会奋进。进入文明社会后才有了更进步的居所、村落、市井、宫殿。

也许正是由于有巢氏的发明创造，中国人传统知识中的土木工程能力比其他建筑工程如石造房屋等能力更强。人类最早的建筑技术就是从土木工程开始的，真正的石砌建筑是后来才发展起来的。

14. 智取天火——太阳火的秘密

人类的氏族部落图腾时代，是一个茹毛饮血的时代，一直到刀耕火种时代开始前，都是采集、狩猎、渔猎的生活方式。

采集野果，可以即采即食；渔猎到鱼虾，也可以即渔即食；而狩猎到动物，虽然也可即猎即食，但那就像动物一样要喝动物的血，连毛带肉一起吞下了。为了充饥，为了生存，那时的人们都习以为常了。但人类毕竟已经走出了动物界，再生吞活剥，囫囵下咽，就既腥臊恶臭，又伤害胃肠，因为难以消化吸收，易引起各种疾病，原始先民都寿命不长，生命短暂。

启发人类走出茹毛饮血时代的是雷电自然现象。雷劈闪电带来了天火——太阳之火，致使森林树木起火，而被大火烧过的动物，成了原始先民的天降美味，他们从长期的比较中知道了生熟的分别，以及熟食对人体健康和延续生命的重要。

毕竟，天火的降临还是难以经常见到的自然现象。当时的问题是，火像是无所不在，又像是踪影全无，先民们还不知道如何得到天火，他们只是受到闪电的启发，只知道天火来自天上，要得到天火，只有向上天祈祷。于是，他们把每次天火的降临都当做是太阳神的恩赐，像节日一样地庆祝美餐，也虔诚地向太阳神和火神表达自己的敬意和祈求之情。

乌鸦最早想起了偷取天火的方式。它知道太阳之火在天上，必须有翅膀才能去天上取火，于是，它便飞上天去偷火。可乌鸦的力量有限，因飞得太低而够不着天庭的火台，还恰恰遇上天神巡逻，怕被发现而躲在天庭灶台后，所以染得自身漆黑，不仅天火没有取到，无功而返，而且从此名副其实地成了乌鸦。

燧人氏本来就是太阳神的后代，他知道只有自己才能得到天火和保存天火的秘密。他很尊敬乌鸦，觉得乌鸦的精神代表了自然和人类的精神。为了人类的生存繁衍，为了人类的健康幸福，燧人氏自告奋勇要去智取天火。

燧人氏认为，在获取太阳之火方式上必须有所选择，盗取太阳之火毕竟难以长久，最好是能够智取天火。相比于盗取天火，智取才能保存，否则那火就会像洪水一样泛滥成灾。智取天火并取得保存天火的秘密，这才能够使太阳神相信人类的智慧，从而把用火的智慧传授给人类，人类也会因此而永远享用太阳之火。

天上之火，在天庭神树遂木之上，树枝很高很长，树冠极大极远，火神在树上栖息，还总是明暗交替，忽闪忽闪的，像是不小心就会掉下来，而掉下人间去的就成了伴云伴雨的雷火闪电。火神祝融就曾掉在南岳衡山祝融峰。

燧人氏在太阳神之处听到了他们对人类的嘲笑，他们以为乌鸦就是人类派来的窃贼，偷火不成还改变了自己的形象。他们认为，人间即使盗得天火，也不会保存。火神们说到这里还得意地旋转起来，顿时雷电冲天，火焰开花，大地因此震颤，火神以此展示自己具有的人类永远不可撼动企及的力量。

燧人氏没有理会火神的轻蔑态度，并从火神的举动中悟得智取天火并加以保存的诀窍。于是胸有成竹地对太阳神提出了人类用火的权利要求。太阳神无私地应允了燧人氏代表人类的请求，因为他知道人类是自己的子孙后代。

火神们仍以怀疑的目光直逼燧人氏，责问他，即使取得天火，人类又如何保存得了呢，难道还得要火神们每天轮番去为人类进行用火服务吗？火神提出的唯一条件是——如果有能保存的方法，太阳之火就可给人类所用，否则将以天火滥炎，使人类无以生存。

燧人氏镇定自若，无所畏惧，特意回避众多火神问题而不答，附耳向太阳神讲出了保存火种的方法。

太阳神很惊讶燧人氏的聪明才智，也很高兴地相信了人类的能力。他让火神把火种传给燧人氏，并且今后只准火神雷鸣电闪而不准再滥放天火。火神只得听命，只是有时也偷偷犯一下规。

原始先民们欢呼雀跃地迎接燧人氏智取天火归来。燧人氏也把天火的秘密带给了人类。

燧人氏从火神的得意旋转之中悟出了火种产生的秘密，可以利用旋转摩擦产生燃烧，火种就被点燃了，这就是摩擦取火的方式。依据这个原理，经过人类智慧发明创造，还可以引申出钻木取火、压击取火、打击取火等方式，使人类有了保存火种的更多方式。钻木取火比较进步，保存也最长久，是后世最常用的保存方式。

尽管有了多种保存火种的方法，对古人而言，保存火种仍然是非常艰巨的生存活动。因为保存方式必然要受自然条件限制，并非是任何时候任何地点都可以用上火种。例如，遇到灾害天气就不能保持下去，常常断火。要让火种长生不灭，就要以柴薪持续燃烧保存火苗，这就是篝火、火塘、火坑产生的原因。同时也形成了值火人这一职业。

“筚路蓝缕，以启山林，文明之旅，薪火相传。”就是指人类生存生活用火的艰辛和文明的久远。

有火之后，益于人类生活大焉。黑夜照明取暖、驱逐围猎野兽、熟食果腹、健康生命，并且可以以火制陶，以火制器，生产工具的制造也有了飞跃性的进步，这使得家庭村落、部族群体、国家社会得以建立发展，促进了人类文明的大发展。

陶器的发明就是从用火熟食而来的。古人将猎物用泥裹住，然后烧烤，烧过后，打碎裹泥，里面的肉类就香酥鲜嫩可口了。只是有时，裹泥烧后却坚硬如石，打碎后才知道成型可用，泥烧后为陶器的原理就此发明了。同理，制陶的方法也可以是后来制铜制铁的方法啊。

火的使用不但使人类的生活方式发生了划时代的改变，而且也使人类终于能够与动物世界彻底分离，具有巨大进步意义。

15. 经天纬地——八卦易礼天下

往古的时候，神圣的昆仑山有个华胥氏族，部族的华胥姑娘去东方大泽游历，在沼泽边蹦蹦跳跳地玩耍，不小心踩着巨人足迹，没想到此足迹为雷神所留下，因而她回家后便怀孕了，十个月后生下伏羲。她就是伏羲之母，雷神就是太阳神的化身，伏羲就是太阳神之子啊。

伏羲人首龙身，天生异象，内藏其父雷泽之神的威风和神力。因风而生，故为风姓。但在古人那儿常常被画做人首、散发、裘衣、鹿披、蛇身的形象，再有就是乾坤头、树叶装、手执八卦的形象，这是《山海经》中伏羲的经典模式。还有就是伏羲女娲交尾画像，或手捧日月，或手执规矩，表示他们是太阳神后代，是人文始祖。

伏羲时代是刀耕火种、渔薪相传的时代，也是“民知其母，不知其父”的时代，也就是还没有严格血缘家族宗法观念的群婚时代。因此，伏羲的历史使命就是代表日月之神，开创家国社稷文化，创造人文历史之端。

伏羲首先是建立和完善了人类之间相互联系沟通的方式。

人类没有文字时，开始是和动物一样，通过叫声和动作来进行沟通的，后来又发展了口技、形体、标记和刻画等表意的沟通方式。

伏羲先是从大自然声、动物声和人声中得到了启示，据之发明了简单的音乐和乐器——琴瑟音乐，使人们有了联系和愉悦的工具，后来也用于建立宗教祭祀活动礼仪秩序。

同时，伏羲按照各部落图腾和口语表意习惯，制定姓氏，将人们分为不同氏族，以便于称呼。

伏羲还完善了结绳记事的方法和意义。上古时代治能够结绳而治。结绳的方法非常丰富，如其中一法是，无色为计数，单结为十，双结为百，三结为千；有色为表意，黑结为死亡，白结为银子或和平，红结为战争，黄结为金子，绿结为谷类。并且大事大结，小事小结，急事结前，缓事结后。

但结绳记事尚不能完全表达音意，不具备文字性质，于是以契刻绘画等补充表达。结绳记事的痕迹仍存于文字中，如商周金文中的十、廿、卅等，均像是打结绳字形。

伏羲根据结绳记事原理，发明了捕鱼的工具。如，结网罟，即制造渔网。因为，结绳记事，也结鱼成串，纵横交错的绳子形成网状覆盖水中之鱼，启发了编织渔网捕鱼技能，并用以教导水滨的居民们捕鱼；教导人们种植桑树养蚕，抽丝纺织。后来网结技术提高，也用以捕鸟。他还教导人们挖掘陷阱，捕捉活的动物，训练它们作为家畜。采集狩猎渔猎时代，发明创造或具有生存生活技能是受人尊敬的前提。

伏羲根据结绳而治的经验，创造百业，设立龙官制度。在狩猎、渔猎、畜牧、烹调、文化、甲历、娱乐、礼仪、祭祀和治理等方面都有许多突出的创造发明，改造和完善了原始先民从饮食习惯、生产习俗到文化风俗等各方面的生活秩序。因此他才名字众多，如称之为天皇、太昊、伏牺、庖牺氏、有庖氏、升龙氏等等，这些姓氏名称续传到后世。

伏羲时代创造的甲历，不同于后来的历法，是用草木生长预测时日的方法。如，古人按月亮的变化次数把草木生长期分成 12 段，列出草生月（初月）、木枯月（月末）、木王月（满月）等等，每段 31 天，这样，通过观测记录月亮变化的次数

和草木每31天的长势程度，就可以确定农时，这就是最初的甲历。

伏羲仰天仔细观察天文现象，对日月星辰和气象气候变化了如指掌；俯身察看地理地貌，对山脉河流及土地特性成竹在胸；再旁观鸟兽花纹，近察人体结构，远取天下万物，最后终于创造了八卦。八，是两人相背、分开析理的意思，所以，八卦的演义总是两两相对的；卦，是“圭”和“卜”构成的合字，指用玉圭占算事理；易，就是改变、变化的意思。八卦蕴含的逻辑思维和辩证方法至今仍未得到彻底解析。

伏羲创立八卦，是依据太阳运行规律，对人类认识宇宙运行、自然存在和人类生存发展规律所做的全面总结，因此也是他最伟大的思想文化贡献。八卦思想及其后来的一系列演绎形式，对中国传统文化的形成和发展产生了具有决定性的深远影响。

伏羲画卦故事如天雨降河、龙马负图、神开我心，说明河图来自雷电神示，即，一年秋季，天下暴雨，河水漫溢，龙马负图而出，图上覆盖着五彩五形，外形如高山。伏羲据之刻画了八块玉圭，全都是相连的山，取名连山（易），以之推算数理和推论事理，是古代逻辑辩证方法。

八卦利用卦象记事，法天象地。用一长画代表阳，名为乾，象征着天；两短画代表阴，名为坤，象征地；然后长短搭配，阴阳交替，再画成坎、离、艮、震、巽、兑分别象征雷、风、水、火、山、泽等自然现象的图画，形成一共八种不同的图案，统称做八卦。

八卦的出现，使人类思想文化意思表达更为丰富，人类开始走出结绳记事的初级阶段。由于八卦中已经蕴含了天下万物自然人事的各种道理，所以有了八卦，就可以根据八卦所推论的原理卦象来判断事理，衡量百业，处理政事，治理天下事务了。因此，八卦是中国最早的计数文字，是检验百工百业的法典，是检查公平政务的准则，是战争与和平的策计，是敬天告民的祭祀崇拜仪典，也是星象占卜工具。总之，八卦是中国人的宗教、逻辑和哲学宝典、文化秘籍。

在百业俱兴的基础上，伏羲还领导创立了婚姻制度，开辟了部落婚姻礼制时代。

伏羲教导人们首先要懂得族内婚对本族造成的危害。此前的原始婚姻，还存在着兄妹婚、走婚、群婚等族内婚现象，血缘家族影响了人口的质量，对繁衍造成极大危害，威胁到了氏族部落的生存发展和长治久安。

伏羲引导氏族部落走向族外婚，因为这仍是在巩固血缘家族。不同的氏族部落之间，血缘有差异，体质有不同，生育能力也不同，家族之外的婚姻才能生育出健康聪明美丽的后代。族外群婚的形成，标志原始人群向氏族公社演进。

伏羲重申并制定了有史以来一夫一妻制的婚姻习俗，教导男女要实行偶婚，要按照礼制结婚生子；夫妇也要互敬互爱、互帮互学，使下一代得到很好的教养，等等。这样，最早婚姻制度从此得以建立。

伏羲的发明创造和人文制度建设，使远古的氏族部落由蛮荒进入原始文明阶段，奠定了中华民族发展壮大的基础。

16. 千秋大业——农业文明祖基

神农氏也是太阳神的后代。神农，神农，神奇的农耕，正是因为神农的出现，人类才能从刀耕火种时代走向耜耕农业时代。

神农氏之母任姒，在姜水边观落日残阳，感阳如龙，见首不见尾，因而怀孕，足月产下神农，因以姜为姓。神农从此成为祖名族名，后炎帝一系延续神农之名。

神农氏天生就对自然山水具有特别的感情，与大自然有无比的亲近感，对自然变化特别敏感，熟悉万物特性，特别习惯于在山林江河边行走；长着日月阴阳山岳头，身穿百叶衣，手持弓箭，嘴上衔着青叶，总是在咀嚼沉思，这就是他的经典形象。正因为有这样的经历，所以神农氏熟悉日月星辰历法，了解昼夜和季节变化，特别能根据山水规律和动植物特性，将天气季节与作物生长习性结合，进行阴阳晴雨调节和播种耕作，以利作物种子生长发芽。

神农之时，因为他能识别作物种子，这一发明对原始人类而言功绩如山、光耀日月，要知道，在此以前，原始先民的生活因为食物的短缺总是饥肠辘辘、饥寒交迫，每天都面临生存危机。原本像野草一样的不被人注意的植物，忽然间被神农识别出具有特殊的价值意义，这就像天雨粟——天上突然下雨似的降下种子一样，遍地草种都成了人间可以开花结果的宝贝，难怪连老天爷都为此激动得流泪啊。

从刀耕火种走向农耕，这是文明发展的重要阶段，是农业文明形成的标志。农耕与刀耕火种有很大不同。刀耕火种，首先要砍伐树木，树木砍倒、晒干后，再点火焚烧，像施肥一样，土地过火后松软肥沃，然后播种、看护、收割就行了。火耕最大特点就是不耕不翻。但是，火耕最大的毛病也在这里，过火后灰肥皆浮在地表，极易流失，因而，火耕地只能种两三年就丢荒了，需另垦新地。刀耕火种漫火烧荒，会引起山林大火，经烈火烧过的黏土会坚硬如石，陶器就是据此发明的，这意外收获也说明，只有农耕发达的地方才会有制陶业的发明和发展。

神农氏根据自己的研究，发明创制了农具。斫木为耜，揉木为耒，作陶冶斤

斧，为耒耜耨，如耜具耙具等。就是用耕作土地的方式将灰肥水等保存在土壤中，以充分发挥肥沃土地效益，使作物增收。这就不仅使农业从刀耕火种的方式中解放出来，而且保证了土地的延续使用。这是多么巨大的贡献啊，所以说，原始农业奠定了人类生存发展的基础。

于是，神农氏教民稼穑、凿井取水、播种五谷、春种秋收等，农耕劳动开始走向真正系统有序的过程，小麦、稻米、高粱、玉蜀黍等就是在神农时代成为可种植的食用植物的。与此同时，畜牧业也开始进一步发展，如驯养狗、猪、牛、马等野兽成为温顺的家畜。年年百业兴旺，五谷丰登，民众鼓腹而歌，这一切都使得中国文明正式进入农耕文明时代。

神农尝百草，不是为寻找药物开始，而是为寻找农作物种子，同时也是为了辨别水泉的甘苦。至于草药济人救物，早在原始时代，那是连动物在内都知道的一些草药治病的方法，有动物受伤后就会寻找草木汁自己涂抹伤口。

神农氏尝百草，已经发展成为草药事业，为了治疗百病而尝药辨性，并不是一般意义上的日尝百草了。

神农氏为尝草药而中毒，付出了巨大的代价。据史料载，一天之内，他中毒十多次，最多时一天达到七十次。这对一般人而言，不知要遇险多少次了，真称得上是死去活来。只是，神农氏自有尝药辨性的本领，因为他通过亲身的经历，已经熟知草药中毒的原因所在，总能用自己琢磨的一些方法，以草药对草药，及时解毒。茶叶等草木具有解毒作用，就是这样被发现的。

神农氏将自己尝百草的经验体会都及时记录了下来，每当尝试百草药性后，都将之分为温凉寒热不同处方，记载在《本草》(《神农本草经》)这一巨著之上，以医百病，神农氏因此开创了中医制药治病和著述的时代。在这部人类最早的医药著作上，他详细记载各种药物的性能，使之成为中国古代医学史上最崇高最权威的经典，并一直流传到20世纪。

神农尝百草时，吹叶发声，制作乐器，以娱天下。据史料记载，有神农琴，长三尺六寸六分，上有五弦，其名分别为宫商角徵羽，这是原始时代最早的音乐乐理和乐器之一。

神农氏时代是开创农耕的时代，农业生产形成规模，集市贸易发展，部落社会向国家迈进一大步。神农氏是五千年农耕文明大业的真正鼻祖，中国悠久的农业文明由此发端。

神农氏在政治上的贡献也是可歌可泣的。神农时代承接伏羲女娲之时，仍然巩固了统一的江山。神农时有九州、柱州、迎州、神州等四大州为统一神州之说，

这里的九州为天下各大州，柱州为北方西方，迎州为东方南方，神州为中心之州。而至黄帝时只主要继承神州，并于之内再分九州，置十二国。

原始时代的三皇五帝，大都是部落民族的发明者、创造者，含辛茹苦，鞠躬尽瘁，率先垂范，做楷模榜样就是他们的唯一选择，因为唯有如此，才能率领自己的部落民族走出生存困境和死亡威胁，才能走向繁荣昌盛的千秋万代。神农氏就是这样的一个典范，因为在三皇五帝中，只有他始终不渝地在第一线辛勤劳作，最终死在了自己无私奉献的事业上——因尝百草中毒而献身。

神农氏之后，他所开创的神农氏家族走向衰弱，三皇时代从此结束，五帝时代兴起，天下英雄层出不穷，神州大地又掀起英雄史诗的新篇章。

第 6 编　天之骄子——人文始祖传说

中国古史传说的英雄史诗时代，进入到五帝阶段，就从三皇时期的人类文明创造与开拓主题，进入到繁衍壮大与民族统一的主题了。如果说三皇是民族智慧的人文始祖，那五帝就是民族统一的人文始祖。同样是英雄史诗时代，五帝时代是建功立业并开创国家社稷的文明大发展时代。他们是民族融合的先驱者，也是国家社稷的缔造者。他们都是真正的天之骄子，把太阳的光辉普洒人间，开创了民族统一大业，奠定了中华民族的万代基业，从而为中华民族文明发展作出了巨大贡献。

17. 炎黄春秋——涿鹿之战

莽莽昆仑，巍然屹立，雄伟壮观，蜿蜒千里。神山圣地，曾经是太阳众神在自然人间的聚居之地，而后来，众神们早已或神游天际，或化身为人间英雄，流向各地，只留下这昆仑之墟，作为大江大河的源头，黄河长江都发源于此，其众多的支流中就有姬水与姜水。正是在这姬水与姜水边，诞生了炎黄始祖。

黄河与长江等大江大河，自古就是神州大地的各条血脉，滋养着中华民族子子孙孙、千秋万代、生生不息地繁衍发展着。黄河与长江等大江大河流域，也自古就是沃野千里的锦绣江山，让中华民族的子子孙孙、千秋万代无穷无尽地展现自己的文明智慧。悠久古老的中华文明，就是在这样神奇的土地上诞生的，并不断地展现着自己的传说，就是在这样的民族传说时代，黄帝统一了神州大地，并带领炎黄子孙从野蛮向文明发展，从而成为中华民族当之无愧的人文始祖。

黄帝，姓公孙，出身于有熊部落，所以称为有熊氏；生于轩辕之丘，故称为轩辕氏；长于姬水之滨，故以姬为姓。据传，他出生几十天就会说话，少年时思维敏捷，青年时敦厚能干，成年后聪明坚毅，因此终于成为部落首领。炎帝，神农氏之后，生于姜水，因称姜姓，曾与黄帝有姻亲，视为兄弟，分居姬水与姜水，与炎黄原为两个互相通婚部落。

黄帝族居北，族风剽悍粗犷，农畜牧业、手工业发达。部落男子刚健英俊，好勇尚武；女子健壮丰腴，巾帼不让须眉。炎帝族农业为主，狩猎渔业较少，习惯男耕女织，因而部落男子俊俏健美，只是略显瘦弱，不似北地刚武，而女子较黄帝族更风韵秀丽，举止细腻。

黄帝族男子都吸引炎帝部落女子，炎帝族女子也愿意嫁黄帝族男子，两族联姻，黄帝族男子多娶炎帝族女子。这样，黄帝族与炎帝族的黄男炎女婚配，可谓刚柔相济，生活美满。而两族的炎男黄女婚配，就不一样了。黄帝族女子本身刚烈，看不惯炎帝族男子缺少阳刚之气，也不习农耕习俗，慢慢地，黄帝族女子私下里与东夷部落男子有所往来，甚至出现过远嫁东夷男子的情况，并逐渐多起来。

东夷部落活动在黄河下游和江淮流域，是太皋少皋的部落，正值蚩尤时代，沟通南北，渔猎发达，兵戎习俗，很适合黄帝族女子追求。

三族男女婚姻追求终于打破了部落联姻制度习惯，这就破坏了原来炎黄的通婚关系，特别是使得炎帝族看出自己部落有走向逐步衰落的趋势，三大部落的矛盾危机由此而生。

此前，炎帝族也曾因部落男女与沿海部族的联系，想与蚩尤族联姻，但其部落因洪水灾害问题有过争执和冲突，还曾因此发生过战争。

炎帝与蚩尤之战的原因。炎帝族的共工部落，是农业相对发达的地区，当时为了发展农耕而大力治水，即所谓“振滔洪水，以薄空桑”（鲁地名《山海经》）。古时之治水，无非是一堵一疏，疏通河道就必然加大下泄洪水势头，危及下游地区，侵蚀蚩尤族利益。于是引起两部落争战。炎帝族共工部落为农耕之族，只是长于棍棒箭戟，而蚩尤族则精于冶炼技术，以金作兵，造立兵杖、刀戟、大弩，所以打败了炎帝共工。炎帝族的共工部落男子多被杀，女子多被抢夺，损失惨重，但炎帝族整个部落实力尚存。

涿鹿之战前，正逢炎帝与蚩尤族因征战断绝往来多时，本想依靠黄帝部落，这也是促使炎帝族北向靠拢黄帝族的原因。

本来，炎黄与蚩尤时代，随着部落人口的壮大，十分需要扩大领地，占有更多的适宜生活生产居住活动的地方，所以部落间征战抢夺都是常事，氏族部落之间的融合也常见。

在炎黄部落联姻矛盾日益明显之时，黄帝族也有意向东迁徙，尝试去与东夷族建立联姻关系。不料，此时却发生了炎帝族部下阻留黄帝之妃嫘祖的事件，于是，涿鹿之战就变得不可避免了。

原来，黄帝元妃嫘祖多才多艺，特别喜好远游，后人祀为“道神”。曾走遍南北和沿海，既是游山玩水，也是传授她发明的养蚕织丝技艺。此时南游衡山道上，正是炎帝族地界，因与蚩尤族战争正缺少女子，炎帝部下见嫘祖美貌，即截留下来，当做战利品分配下去，要娶妻生子。

炎帝得知黄帝族东行是要改变联姻关系，十分恼怒。也难怪，炎帝族本来是神农氏之后，按三皇时代的规矩是要继承天下共主地位的，没想到神农氏衰落之后，炎帝族一年不如一年，天下诸侯都瞧不起不说，这黄帝族连联姻制度都要破坏了啊。本来想交出嫘祖谢罪赔礼，此时也顾不上了，便也率领部族向东，并改以嫘祖为威胁，向黄帝族追讨联姻道理，阻黄帝向东之道路，在涿鹿之野，双方终于兵戎相见，进行战争角逐了。

在战略形势上，黄帝部落处在炎帝部落跟蚩尤部落之间，本来有两面受攻击的风险，只是由于炎帝族先是与蚩尤族发生过战争，势力有所削弱，加上此次为阻拦黄帝而来，没有意识到对自己部落的重大意义，所以才形成对黄帝族有利的局面。

当两部落刚发生对峙时，黄帝决定先发制人，因为炎帝族截留嫘祖不敬在先，而现在阻拦自己部落失礼在后，在天下人心归向不明的情况下，必须先威服炎帝族，才能进一步号令、统一天下。于是，他首先在阪泉之野进行了第一次战役，突袭炎帝下属部落，一举将之击溃，俘虏了全部部落人口和牛羊，削弱其优势兵力。

炎帝族本是太阳神子孙，善火攻，加之多年为刀耕火种的部族，对放火烧荒非常在行，手下还有火神祝融等大将，因此，两军对垒之时，就用火攻。只是，这次不是在自己的老巢，而是远在涿鹿之野，火攻的效果并不显著。

黄帝本来就是雷雨之神，面对火攻，率部以水迎战。只见风雨飘摇，熄灭了漫天大火，水流遍地，浇灭了炎帝部下的雄心。黄帝族以鹰雕鹫鹞等猛禽为旗帜，以虎豹熊罴等猛兽为前驱，统帅数万神兵鬼怪，将炎帝族第二次打败。

炎帝族重整旗鼓，决心与黄帝族三战涿鹿之野，并立下了杀身成仁的誓言。因为不能征服黄帝族，就无以面对天下，也就不能重振神农伟业了。

决战在阪泉之野进行。战争中，冲突搏杀激烈，呼喊声震耳欲聋，炎黄儿女受伤中箭，尸横遍野，惨不忍睹。嫘祖于阵前看到这种惨相，悲痛欲绝，她不顾

个人安危，发疯似的冲到阵中对着两族大喊大叫："亲人们啊，你们不是敌人而是亲戚啊，你们杀死的是你们的兄弟姐妹啊。"原本黄帝族与炎帝族就是亲族关系，哪能不引起亲情呼唤呢。最终，嫘祖牺牲于两军阵前。但是，她的牺牲却警醒了两族的上上下下，原本就应该是亲人，却因为内斗而流血，炎黄两族都在嫘祖的遗体前惭愧地低下了头。于是，两族又和好如初，炎黄又进一步融合。

涿鹿之战后，炎帝族虽大多归顺黄帝，但也有部分分化，祝融南下楚湘南蛮，还有的则远走他乡，融入其他氏族部落。极少数是与黄帝再战，如炎帝族属下刑天就不服，认为不是由于自身力量不行，而是由于内部反水，因此他独自再次袭击黄帝，被斩首常羊山，仍以乳为目，以脐为口，挥舞盾牌斧钺，以示宁死不屈，抗争到底。

涿鹿之战后，黄帝有感于与炎帝的同宗同族，与炎帝族合并一体，成为中华民族的基本族群之一。然而，由于黄帝族再次与炎帝族融为一体，没有继续和蚩尤族联姻，反而占据了蚩尤族视为己有的北部地区，这引起蚩尤族的义愤，于是，阪泉之战又不可避免了。

蚩尤，人身牛首，铜头铁额，擅长采铜炼兵，制成剑铠甲矛戟弩等，凶猛无比，军威天下，掌控八十一个部落。蚩尤在群雄逐鹿的时代，也善于远交近攻，兼并诸侯，以谋天下。早年还曾在西山大会鬼神，交结风伯雨师。此次与炎黄之战，也是谋划良久，为的是取代神农氏当年的地位。

黄帝与蚩尤的阪泉之战要比炎黄涿鹿之战激烈得多，规模更大，并且是反复征战。开始，蚩尤在攻打黄帝时邀来风伯雨师夸父族等助战。风伯雨师纵起一场场狂风暴雨，远远大过先前自家发出的雷雨，吹打得黄帝族队伍站不住脚，四散溃逃。黄帝派有翅能飞的应龙喷水应战，被风伯雨师截住，反将风雨卷向黄帝军阵，黄帝败绩。再战之时，蚩尤族喷烟吐雾，三天三夜不散，黄帝族被大雾笼罩，三天冲不出重围，军心将乱。只是由于黄帝有四面观察能力，看明了天上北斗指南方向，才突出重围。后来据此发明了指南针。蚩尤还针对黄帝的猛兽阵，搜集了魑魅魍魉来对阵，上阵就兽面散发、凄惨怪叫，试图以首发狰狞吓人取胜。黄帝族不明就里，仓皇失措，败下阵来。如此种种，虽双方两军胶着，但七十一仗而蚩尤负少胜多。

于是，黄帝制雷兽大鼓八十面，以虬龙之吼，夔龙之声，震响五百里，回声三千八百里，将魑魅魍魉全部拿下。又召唤女神旱魃助阵，对抗风神雨神，所到之处，散云收雨，赤地千里，风神雨神狼狈逃窜。最后，黄帝又在大将风后、力牧等的辅佐之下，乘机反攻，蚩尤部落与所联合之九黎部落全部大败，黄帝终擒

蚩尤而诛之。炎黄取得了最终胜利。蚩尤被诛之时，浩气冲天，白虹贯日，苍山如海，残阳如血，一代战神殒殁。后来，蚩尤被尊为战神。

其时，蚩尤族残余的民众向南逃往万山之中，后来成为苗蛮等南方各族的祖先。不久，天下又出现骚乱，为蚩尤复仇之举不断。黄帝知道蚩尤的声威还在，但连年战乱不已、生灵涂炭，黄帝不愿意再战，只想智取，以德服众，这样才能在将来威仪并号令天下。于是画了蚩尤的像到处悬挂，并以蚩尤部众的降服教育余族。天下的人都以为蚩尤未死，并且看到归顺黄帝的益处，于是，很多部落都来归附，从而结束了战争，形成天下一统的局面。最终，黄帝被诸侯尊为天子，以取代神农炎帝，成为天下的共主，因有土德之瑞，故称为黄帝。炎黄蚩尤部落融合形成了华夏族民族主体，因而，炎黄蚩尤都是中华民族人文始祖。

涿鹿之战后，在实现黄河两岸统一的基础上，黄帝又受盟诸侯，号令天下，恩威德抚并用，先后实现了长江流域的归附，实现了天下各邦各部落族群的统一，号称有诸侯一万，神灵七千。从此，黄帝天下共主的地位最终确立，成为自从盘古开天地接替三皇的英雄人物的继承者，成为中华民族的骄傲，在中国历史上受到无比的尊敬。

黄帝时代是中华民族国家的开创与奠基时代，因此也是一个人才辈出、建功立业的时代，更是一个发明创造层出不穷的时代。黄帝治国，选贤任能，提拔人才，举风后、力牧、常先、大鸿以治民，并鼓励人才发明创造。如，任用仓颉造字，早于甲骨文，发明汉字之时，“天雨粟、鬼神泣”，天地为之感动；嫘祖养蚕抽丝、织成绸缎；羲和占日，常仪占月，鬼区占星气，隶首作算数，容成造历，伶伦发明笛、箫、琴、瑟等乐器，并与荣将分五音和十二韵律；胲驾牛，共鼓、货狄发明舟车等等。与此同时，在诸如制造房屋，种植五谷，驯养鸟兽，开采铜矿，打造弓箭兵器，研究兵法战阵，实行井田制度，进一步发展陶器制作技术等新兴手工业，以及在国家和社会制度建设等领域都有所发明创造，并取得辉煌成就。总之，黄帝时代的发明创造对后世的影响极其深远，成为人类文明最古老的贡献成果。黄帝在位的一百年中，神州中华，国势强盛，政治安定，文化进步，社会安康，民生幸福，因而是中华民族最伟大的人文始祖，历史功绩与山河同在，与日月齐辉。

18. 尧舜神州——统一中华

黄帝之后，各代帝王由天上之神变为人间英雄，开始神性逊色于人性了。历史上是依功德贡献不同，顺序列为帝王世系。如，黄帝之后是少昊，又称为青阳氏，

属东夷金天部落，己姓（属嬴姓），号金天氏（传为黄帝之子，又指其父为太白金星，母为天山女皇娥），又称朱帝、白帝、西皇、穷桑氏。少昊之后是高阳部落的颛顼，黄帝之孙，继承帝位后，号称玄帝，即黑颜色的君主。他统治下的领域北到幽陵，南到交趾，西到流沙，东到蟠木。凡是日月所能照临的地方，没有不属于他的。再如，黄帝曾孙，高阳颛顼之侄，高辛部落的喾继承帝位，是为帝喾。凡是日月所照、风雨所至的地方，没有不服从他的。高辛帝喾娶陈锋氏女生放勋，继位后就是帝尧时代了。

古史传说时代，从炎黄开始，到尧舜禹，被尊称为五帝。其实说法众多，有并称炎黄包括蚩尤、高阳、高辛的，也有再加少昊与尧舜的，更有向前延伸将伏羲、神农、女娲列为五帝的，我们可以认为，所谓的五帝都是和三皇一样的泛指而非实指，各种分法若有史料或考古证明，甚至就属于有理有据的研究分析结果，都有道理。因为古老悠久的中华始祖时代，确实是众多史诗式英雄人物辈出的时代。

从炎黄到尧舜，部落酋长或联盟之主，首先是其代神言事的身份，即图腾代表和天神上帝的化身，属于神守时代。同炎黄、颛顼等亦神亦帝的祖先一样，唐尧放勋，号称是以德服天下的古帝王。尧是因母庆都感龙而孕、黄云覆生，浓眉八彩，德高望重。

唐尧品德高尚，所以能不拘一格任贤用能，如任用契为司徒管教育，禹为司空管工程，稷为田畴管农业，夔为乐正管作歌，垂为工师管百工，伯夷秩序宗管祭祀，皋陶大理管诉讼，益作虞官管开发，因此把天下治理得井井有条。

唐尧最显著的政绩，就是命令羲和制历、鲧禹治水，并流放四凶、征伐蛮夷，进一步统一天下——丰富了龙凤旗帜的标志和内涵。

唐尧历法是继颛顼时代绝地天通后的又一次重要的天人关系调整变化。绝地天通解决的是民神杂糅、祭祀不一的问题，此外还存在历法混乱、民无所依的问题。民众一年不知四季何时、春秋长短，稀里糊涂过日子，会影响生产和生活。

唐尧命令颛顼时代巫祭官重黎二人和后代羲和二氏，观察天象变化，记录日月星辰运行位置，确定四季，制定历法，以教导民众按时令节气生产生活。唐尧时的太阴历法，即阴历，是在炎黄时代天象观察基础上进一步制定的，它以月亮运行规律为标准，计算出一年三百六十五天的差数，创立了闰月制度（加减天数，增加月数，找回时差），规定年月日的编排制度，为后来的历法（如夏小正等）的确立奠定了坚实基础。

唐尧之时，正是神州大地各大江大河的定型期，也即沿海各大冲积平原的最后形成时期。历史上就已经开始形成的各大江大河，水势在上游已经冲刷而成永

固河道，下泄到下游，想要最后在陆地上冲刷出入海河道，以泄向大海，但却因陆地堰塞堵塞漫滩而泛滥成灾，形成了创世以来的第二次大洪水时期。

当时的夏部落，曾经有过治水成就，姒鲧就是一个很有治水专长的部落酋长。唐尧命他负责治水之时，他不可谓不尽心尽职尽责，经常是为了采集石土树木芦苇，山岩重重，遇阻受困，像黄熊一样地努力工作，但他错就错在仍然用治理部落河流的方法来治理天下河流，用的是共工曾用过的铲高填低、修堤筑坝的堵截方法，以约束水势，希望借此能阻遏洪水，但最后却在洪水的冲击下，不断地溃决，九年时间，洪水泛滥如故。最终，越治越乱，反倒成了引起洪水泛滥的元凶，从而被当做和三凶一样罪恶滔天的凶犯杀掉了。后来是姒鲧的儿子姒禹继续治水。

唐尧执政百年，最后一项为后世传颂的德政功绩，是在自己任内改选任制为禅让制。本来，原有的首领产生方式是部落酋长四岳推选制度，选上的首领任期届满后才让位于下一任当选者。但唐尧观察考验了虞舜多年之后，毅然决然将自己的帝位让与虞舜，而没有传给品行败坏的共工、獾兜甚至自己的不肖儿子丹朱等。这就是千古传扬的尧舜禅让故事。

感动唐尧的是虞舜的身世品行，舜即孝顺友爱之意。首先是他在家族问题的处理上显示了品德和机智，其次是他在家庭问题上显示了自己的才干能力。此外，虞舜的谦逊忍让、勤恳敬业等也都名扬天下。如，当他开垦的土地变肥沃而被他人占有时，他就避让另去贫瘠土地再开垦，而他人有困难时，他总是乐于帮助；他在雷泽捕鱼遇人抢占渔场时，他就再转到别的渔场去捕；当他制作陶器时就精益求精，不允许偷工减料、粗制滥造。正是在耕田、捕鱼、制陶这种日常工作中的美丑品行的对照，使唐尧感动，决定重用他，将来领导天下。

为进一步证明虞舜的德行才干，唐尧将自己的两个女儿娥皇和女英，同时嫁给虞舜，观察其接人待物表现，并让儿子及百姓与之接近相处，还委以政事，用多种方式考察虞舜各方面能力。经过三年多的考察，虞舜不负众望，于是，在唐尧主持的禅位大典后，开始代行政务。虞舜代政治国，重视巡视天下，实地行政。他首先视察东南西北四方，封禅名山大川，祭祀明礼，统一度量衡；再划定疆界，分十二州，疏通河道，并明确奖惩制度。虞舜代政八年，唐尧死时即位。

虞舜在位时的政绩是选贤任能，改革政制，以民为本，丰衣足食。如，工程、农业、国防、矿业、司法、水利、秩序、礼乐、监察等，都有专人专门管理。因此，在虞舜时代，百业俱兴，各有所营，国家丰盈富足，百姓乐业安康，成为有名的尧舜盛世，并为后世楷模。

舜禹禅让是儒家天下为公思想的第二个范例。虞舜在位期间，几次想像唐尧

一样，把帝位传给贤能的人，结果却是他看好的人不愿意接任，而想接任的人又缺乏修养，最后只能在伯禹和皋陶中选择其一了。因为伯禹不但治水成功威望大增，而且品德、才能、政绩、作风都受人尊敬，连皋陶在时也敬佩伯禹，由于皋陶早逝，最后虞舜在位四十八年，禅让给了伯禹。

虞舜当政时立下五年一巡狩的制度，为的是边视察天下四方情势边探讨治国方略。晚年卸任时，虞舜仍依习惯携娥皇、女英二妃南巡。二妃自从嫁与虞舜就追随身边，从年轻时在家庭恪守妇道鼎力相助，到虞舜在位时协助治理天下，都对虞舜始终不渝、感情甚笃，此时追随至湘江一带，陶醉于江南秀色，流连忘返，结果虞舜独自巡狩，最终死于苍梧之野，葬于九疑山——九疑山横跨苍梧之野，连绵起伏数百里，山有九峰，峰下各有一水，地势相同，无以分辨，故名九疑。

噩耗传来，娥皇、女英悲恸万分，一路寻来，在湘江边泪洒斑竹，最后纵身投入湘江，成为湘水女神。不仅形成千古湘妃斑竹泪的故事，而且留下《九歌》中的《湘君》、《湘夫人》，成为中国传统文化中少有的绝唱。

19. 夏禹时代——华夏王朝

夏禹时代是一个英雄人物建功立业的时代。

尧舜禹时代，神州大地各大河流正处于奔腾入海时期，然而各大江河河道尚未疏通定型，从青藏高原昆仑之墟奔涌而下的江河之水，在入海之前往往遇阻，只能漫延到各个平原丘陵，形成洪水灾害。还在大禹治水之前，先有共工和鲧治水，都是兵来将挡、水来土掩的一套方法，这就更加阻塞了上游来水的下泄之道，反而使洪水泛滥，水患滔天，更加厉害，造成的危害更大。这也不能说共工与鲧就是无能，而是由于古人据水习惯和对水势了解水平有关。如，古人往往临水而居，所以喜水，各部落氏族都据有水源，并因此而争斗；共工与鲧堵塞洪水，也是用了圈水如圈地的法子，帮助各氏族部落圈水，而没有意识到洪水的不可圈。治水就是要在各部落氏族同意之下，堵塞或疏导周围的水势，因此必须躬力亲行至各地商量督办。

夏禹之父鲧，字玄冥（古读玄武），是唐尧时的水正，传说为灵龟化身（玄武是龟蛇合体），曾治水九年，终于功亏一篑，无计可施，想要盗取息壤（天上的神土，可随水涨而长），以打造堤坝来堵塞洪水，结果被殛杀于羽山，三年不腐；而禹母修已肋腹生禹。鲧后来化为多种形象，如黄熊、黄龙、玄鱼、三足鳖等，

以助禹治水。至今各地真武庙就是玄武庙，是祭祀玄武的地方，后为道家所用。

大禹治水，是继共工、父鲧以来所进行的治理山河的重大活动，对神州大地地脉走向影响非常之大。治理山河，疏导水流，江河入海，神州大地，太平安乐。这就是那个时代最伟大的功绩，也就是那一时代成为英雄人物的必备条件。

大禹充分吸取前辈经验教训，他认为，治水就要眼光远大、立足天下，看清方向，综合治理。首先要掌握大趋势，就是尽量做到对天下形势了如指掌，先要掌握大江大河定型期的正常下泄规律，懂得大江大河奔流向东入海的趋势，而不是一厢情愿、一意孤行、任意妄为。其次是要把握大方向，必须走遍山山水水，了解查明山脉山川地理地势走向，研究地形地貌，把握地势高低，然后才是采用具体措施实施治水。治水并不是完全弃堵塞而用疏导，而是要因地制宜、因水制宜，该堵则堵，该疏则疏，目的是导江流而汇大河、引洪水入大海，这样就不会泛滥成灾了。

那是在一个什么样的时代啊！不说崇山峻岭、荆棘遍地、水陆泥淖、狼虫虎豹，也不说那高山险阻、急流险滩、跋山涉水、工程艰难，只是那千山万水的遥遥旅途，一切都要靠人行步量，一切都要靠人担背驮，走遍山河，谈何容易。

大禹治水十三年，遍察神州大地山山水水，曾命属下从东极到西极、从北极到南极，以步履测量大地。测出大地呈正方形，并查出九渊，就是需要治理的九条大江大河，即黄河、弱水、黑水、渭水、洛水、汉水、济水、淮河、长江。九条河流中，弱水、黑水在西部（祁连山、河西走廊），其他各条河流都围绕黄河长江中下游地区。济水后被黄河并吞，其余八条河流至今仍然存在。

大禹通过治水而走遍神州大地，是对天下地理地形的第一次勾勒图画，由此才能对天下形势胸有成竹，这也是之后能划分九州的原因。大禹时代已经形成了地形地理知识，在治水方法上进行安排部署，由各地按法实行，否则不可能完成大江大河的治理工程。这是中国文明发展的重要内容，对后世影响极大。

大禹主要采取了疏导为主的方法和措施来治理水患，疏导是对全局而言，就是要因山转势、疏通河道，使水势向低洼的地方宣泄，以便导流入海。具体方法即疏（分流）、挑（挑沙）、导（导出河道）、引（新开辟水道，引水入海）等等。这就需要筑堤和开山，而最著名的开山工程是凿通龙门——即今山西省河津市跟陕西省韩城市之间的黄河峡谷，使黄河畅通，引导江河注入大海，最后取得成功。

大禹终日辛劳，寸阴是宝，栉风沐雨，深入山林，斩木通道，测定地形，察流原委，四处奔波，躬持斧錾，足迹遍布神州大地。历时八九年，三过家门而不人。这时大禹的形象是胼手胝足、面目黧黑，因劳累过度，得“偏枯”之疾而跛行，后来称为“禹步”。自公元前2286年，到公元前2274年，共用了十三年时间，大禹治水成功，天下安居乐业。

尧舜禹之时，农耕文化与天文历法已经有很大发展，禹之前的尧舜也曾按天下神州分野，即天宫三垣四象十二次二十八宿对应地上情况，划分州郡以利治理，洪水滔滔之时，改变了尧舜时所分的十二州。所以治水后，禹分九州，即对十二州重新做了划分。其所划分的九州分别是冀州、兖州、青州、徐州、扬州、荆州、豫州、梁州、雍州。然后完善了贡赋税赋制度，即对照各地丰饶风俗制定贡赋，称之为禹贡。《史记》对州郡贡赋划分的记载非常详细。后来夏朝建立，又重新恢复尧舜时之十二州数，以对应十二次之分野，并且实行了夏小正历法。

治水活动，意义并不仅限于山河改造，也意味着生产力的发展，同时也是部落民族力量的壮大，治水成功的过程也是影响和征服部落民心的过程。大禹品德高尚，治水有功，深得万民的拥护，在舜帝禅让后早已正式成为部落联盟的实际领袖，有的就以之作为我国历史上第一个朝代夏朝的开始，而大禹便成了夏朝的第一个国君。

为昭示追求天下的长治久安，大禹下令各部落献铜铸成九个大鼎，象征九州，每个鼎上铸着各州的地理出产、珍禽异兽，然后将九鼎运至宫中，号称是镇国之宝。各部落首领定期向禹王进贡时，都要向九鼎致礼。拥有九鼎就成了九州大地的主人，九鼎成了王朝国家的象征。禹即位后，也大规模地征服南方的三苗，两次大会诸侯于涂山，后又致群神于会稽之山，防风氏后至，禹杀而戮之。

夏禹时代是真正实现南北统一的时代。自炎黄以来的民族融合，从中原向四方发展，到了承续炎黄祖业的夏禹时代，神州大地的东夷、西戎、南蛮、北狄等各氏族部落，已经融合为一个以华夏中国为主体，包括四方民族在内的多元一体的中华民族大家庭，奠定了中华民族天下国家的重要基础。

夏禹时代并没有承接尧舜的禅让之风，而是改禅让制为继承制，大禹也就变成了夏禹，世袭制的家国天下从此开始。

夏王朝的最大功绩是统一。在威服各邦的基础上，最终统一了东夷有穷氏（其族善羿，有后羿之勇，曾谋夺夏朝，后少康中兴，光复中原故地），使中原华夏真正统一于中央王朝之下。当时的夏朝也确实要比各部落邦国先进。如神农时以石为兵，黄帝时以玉为兵，禹启时以铜为兵，夏后氏发明的铜制兵器钺（大斧）就是各部落邦国所不能相比的。

夏王朝一个重要文化标志，是开始了中华民族的纪元时代，以夏小正为历法，采用阴历（俗称农历）纪年，以正月初一为元旦。由此计算，即使不上溯黄帝时代的时间，中华民族朝代的正式纪年至今也已经有4000多年。纪年是民族文化的核心内容之一，因为它不但记录着历史，而且展示着内涵深刻的民族文化传统，体现着深远的民族文化思想精神。夏朝的建立，使得中华民族开始从神话传说的历史，走向有文字记载的历史。夏商周三代以后，不论对于神话传说中的人物，还是有记载的历史人物，都作为史诗性人物予以记载传播，从而使五千年文明史得以流传下来。

夏禹建立的华夏第一个王朝，成为千年大一统的典范，最初的动机是为了便于生存和发展，但终究还是演变成了朝代更替，中华民族国家终于开始陷入历史大循环周期律之中。

综合而言，几千年来，在众多的传说与史载人物当中，炎黄和尧舜禹等远古始祖，始终作为中华民族始兴和统一的象征在发挥着无与伦比的民族楷模的精神领袖的作用，对于海内外中华儿女的民族认同和增强凝聚力、向心力，发挥了巨大的作用。

洋洋洒洒的中华民族的英雄史诗到此就暂告结束了，从传统文化的角度出发，我们应该向这些神话传说英雄史诗中的远古始祖们典礼致敬了。我们不用惭愧自己的才华不如古人，也不必惶恐对有关礼仪的荒废与无知，因为，战国时代的大诗人屈原早已为后人准备好了他的诗作，其《九歌·礼魂》中唱到：

成礼兮会鼓，传芭兮代舞；姱（音苦）女倡兮容与；春兰兮秋菊，长无绝兮终古。

（译文：宣告祭祀礼成的时候，便鼓乐齐鸣，众位美女传递着鲜花，五彩缤纷，相继翩翩起舞。优伶的歌声，悠扬动人。春兰与秋菊，代表着季节岁月的更替，寓示着美好时光和虔诚心愿。虔诚地期望未来美好，保佑幸福万年长。）

那就让我们为中华民族的美好未来共同祈祷祝福吧！

卷三 种族民族

——中国人的历史演进

中华民族的起源与形成，是人类大河文明的一个奇迹，中华文化的形成历程与特点，也是人类文明起源时期的一个缩影和范例。每当想到原始智人从四面八方向黄河与长江汇集，创造了黑头发黑眼睛黄皮肤的人种，凝聚成一个伟大民族的中心，共同造就了辉煌灿烂的中华文化，对古老东方文化的敬佩之情就会油然而生。中华民族是多民族融合而产生的民族，由宗天精神决定的博大、包融与统一的民族性格五千年始终如一。华夏神州曾经是人类文明的起源地之一，中华传统文化作为独特鲜明的文明样式，在多元一体、绵延不断的发展中，为人类文明史谱写着不朽的篇章。

第 7 编　悠悠中华——民族的形成与发展

我们为什么是中华民族？中华民族的形成，是神州大地上太阳崇拜各部落以华夏中国为中心的向心凝聚与交流融汇的过程。中华民族的血缘就是多民族血缘的融合。太阳神的后代，龙的传人，龙凤子孙，因为共同的图腾、共同的发展、共同的追求，走向了共同的地域，从而实现了各部落的融合，最终实现了民族统一。因此，所谓的华夏，是指围绕中国而结蒂的各个部落民族，既包括黄河长江中下游地域，也远及东南西北各周边地区，更达至六合八荒、天涯海角。

20. 混血成龙——凝聚扩散融合

从雪域昆仑发源的长江、黄河，雪白如练，汇流而下，或奔腾游走在绵延的群山万壑间，或蜿蜒穿行于黄土高原、沿江平原，或洋洋洒洒、豪情激昂，徘徊飘逸于湖泊中，或汪洋恣肆、浩渺无垠，千里奔流入海。流域内冰雪消融，群峰广域；重峦叠嶂、沟壑纵横；森林无尽，植被茂盛。那时的江河与海洋之间，还是陆地平原形成之前的一望无际的各大湖泊和沼泽。各大江河湖泊像母亲的乳汁一样，滋润着神州大地，同时也催生了黑头发黑眼睛黄皮肤的人种，中国人最早

的祖先，就是在这样神奇的土地上诞生的，中华民族最早的氏族部落群就是从这里诞生的。中国这一古老的神州大地，自古就是人类文明的发祥地之一。

不论此前的源头如何，亚洲大陆都是黄种人的种群形成与扩散地区。神州大地的远古时代，原始族群已经开始分布于大江大河各流域，都先后开始了向畜牧和农耕的发展，进入了中国人的大河文明时期。当长江流域还是崇山峻岭、茂密森林、江河湖泊广布、一片水乡泽国景象之时，黄河流域的黄土高原，已经是森林覆盖、植被茂盛、土地肥沃、水草丰美之地，野生动植物和天然农作物资源都很丰富，既是采集狩猎的主要活动地区，也是较早进入农耕时代的地区。而随着历史地理的潮涨潮落，黄河下游和长江流域的原始湖泊沼泽，变迁为更广阔的沧海桑田、沼泽陆地，也就成为了远古先民争相开发的新大陆。湖泊沼泽不断地变化为陆地平原的过程，也就是农耕文明不断形成的过程。正是在围绕着这一神州大地中心地区开拓发展的历史进程中，诞生了神奇的中华民族和她伟大统一的国家。

远在三皇五帝时代，中华民族就已经开始了自己的民族形成过程。原来以采集狩猎渔猎为主要生活方式的各族群部落，不断地走向自然农业和刀耕火种的农耕时代，广袤无垠、土地肥沃的黄河长江流域，理所当然地成为主要的开拓地域，古史传说中的各大部落族群，如炎黄、东夷、戎狄、苗蛮等都以此为中心进行角逐。由于走向农耕的历史发展进程有所不同，各部落集团形成了与农耕相比较的差异，如，或者保持采集狩猎习俗，或者处于游牧状态，或者走向了农耕种植，或者畜牧农耕兼而有之，并由于各个部落集团这种生产力发展上的差异，而形成了风格各异的文化。较早实现农耕文明发展的部落集团，最先发展成为农耕民族，创造了相对先进的农耕文化，在竞争同化中成为了民族主体，最终成为神州大地民族融合的统一中心。所谓的华夏民族就是在这样的历史进程中诞生的。

华与夏由分而合，华夏最初的意义即日月光华、太阳崇拜，并有花开连片、结蒂而居的意思，一方面是因农耕生活方式比较集中，比如农耕特征最显著和植物生长最繁茂的地区，另一方面也是指因氏族部落亲缘关系比较密切、相互联系居住而形成结蒂关系的地区。华夏之称久而久之形成了鲜明的文化特征和文明地位，这时的华是指冠带之国和蓄发右衽，而夏则具有大和中的意思，这样，所谓的华夏就演变成指神州大地中心文化相对发达并有着蓄发右衽习俗的冠带之国。与此同时，那些仍然保持着采集狩猎或游牧生产生活方式的氏族部落，往往地处神州华夏中心周边及以远地区，也就逐渐成为相对于中心地区以农耕民族为主体的少数民族，分别被称为东夷、南蛮、西戎、北狄。因此，中国就是天下之中、诸国之中和京畿王城之地。由此观之，中华民族从其诞生之日起，就是一个由神州大地上农耕民族为主体并与其他各民族同种同源、互相角逐发展所形成的融合性民族。

总体而言，中华民族形成与发展的根本特点是同源扩散、向心凝聚、农耕神州、恩泽四海。具体而言，神州大地上的各个族群，基本上属于同一人种，因自然发展而迁徙、扩散、分居在各大高原和各大江河沿岸，形成了各自部落文明发祥地，之后因族群的发展而不断向周边扩散。大河文明时代的农耕走向，使之不断向更适宜农耕发展的黄河长江中下游地域聚集，逐步形成了以华夏中原地区为中心的农耕文明核心，于是形成了以神州大地中原中国为核心、东西南北中各民族向心凝聚的趋势、布局和结构——这一过程并不因合而断或因分而散，而是始终在进行着的，分与合都在加快着统一民族的融合过程。这一核心形成之后，以农耕文明繁荣昌盛的泱泱大国形象，不断向外围的狩猎游牧民族扩散着影响，因为相比较的文明先进性而产生更大的向心凝聚力。所以，中华民族国家的形成与发展历史，就是神州大地华夏中国核心与中心的形成过程，也就是东南西北各部落民族向神州大地中心和华夏中国核心的向心凝聚的过程。一直到古代王朝末期，始终称华夏为中国，蛮夷戎狄居其东南西北，五方之民，共称天下，号为四海，组成了中华民族统一的多民族国家，从而形成了中华民族五千多年文明史。

中华文明的典型特征就是农耕文明，中华民族的形成过程就是一个以农耕文明立族立国的过程。古代华夏中国能够使得四面八方总要以之为中心，并且五千年来从不间断地向心凝聚，历经几千年传承延续、历久不衰并惠及天下，其最强大吸引力只能是农耕文明，本质上是农耕文明的吸引力，只有农耕文明才能使之凝聚部落，融合民族，农耕神州，恩泽四海。

从采集狩猎到农耕农业是人类走向文明的重要阶段，也是大河文明的显著特征。中国农业文明的时代是这样的久远，五千多年的文明史主要就是农业文明的历史。古老的农耕文明，使华夏等部落民族，从采集狩猎、刀耕火种的野蛮原始部落，从游牧畜牧为主的民族，变成了农耕为主的民族，实现了从野蛮走向文明的转变。悠久的农业文明历史中，由于神州大地自然地理条件使然，游牧与农耕始终是两大最主要的民族，并且是两大依存度很高的民族，这两个民族间的战争和平、农商贸易、交流融合，始终是中国历史的生存与发展主题。正是由于中国中心地区最早形成了农耕文明，最先创造了农耕文明的成就，实现了繁荣昌盛，形成了具有华夏民族主体性和向心凝聚力，并远播周边，产生了强大的吸引力，从而使之不断融入中华民族。农业民族、统一的环境、民族融合的背景、崇尚自然与生存循环，就成为中国文明发展的历程和主旋律。

农耕文明所产生的文化具有天然的相似性，不论是何民族，只要进入农耕生产方式，就会打上深深的农业文明烙印，渗入其骨髓之中。原始农业的发展为国家的建立奠定了经济基础，夏朝是中华民族历史上最早建立的国家，而国家建立的同时，民族也就诞生了，华夏族就是汉族的前身；商朝融合华夏继承农耕又有所发展；周朝进一步融合，而农业文明已经基本成型。从此，以农耕为主，兼有畜牧养殖和手工业生产与生活模式，取代了采集狩猎渔猎游牧等生存方式，成为华夏民族区别于其他部落民族的最鲜明的特征，也从此成为区分夷夏文化准则。

由此可以看出，中华民族形成的历史，主要是相同人种同质文化同一疆域内的一个生产方式的选择，而不是种族血缘的选择。中华民族的血缘就是多民族的血缘，自其诞生时起，就是一个融合了各民族血缘的多民族统一国家，即由于农耕文明的出现，使得原先的采集狩猎渔猎和游牧的氏族部落族群，成为刀耕火种的社会群体，成为农耕文明的民族，这就是华夏族，也就是后来的汉族。不论是汉人自称还是他称，华夏族都指神州大地上的农耕民族，也就是中华民族的主体成员。这样，在神州大地历史上，只要是以农耕为主要生产生活生存方式，不论何种血缘与民族，就都会接受并发展农耕文化，也就都可以是农耕民族，甚至可以称为华夏。农耕是判别是否是华夏民族的唯一有效的标准。中国历史上通过改变生产方式来实现政治稳定的措施之一，就是民族大迁徙，实际上就是改变狩猎游牧为农耕的大迁移——汉族的各个朝代实际上都是农耕民族的代名词，农耕文明就是自己民族的血缘。游牧与农耕的混血融合，就是中华民族的历史血缘。以农耕民族为主体兼有游牧采集狩猎渔猎等民族的统一的国家，就是中华民族多元一体国家。

中华民族从其形成之日起就是一个融合性民族，并且，由于同种同源，使得这种融合不是集合而是化合，一旦融合形成，即成为不可分割的部分。与此同时，既然是走向农耕的生产力的融合，也就是文明发展的融合；既是民族的融合，也是文化的融合。华夏文化源于戎狄蛮夷的融合，又因创造发展了先进的农耕模式而实现文明文化的超越升华；各朝代都在各自基础上有所创造发展，同时也继续不断吸收戎狄蛮夷有益成分，以使华夏文化始终处于优于高于其他文化的稳固地位；而戎狄蛮夷同时也在吸收华夏文化的基础上进一步发展，从而形成了神州大地几千年延续不断的文明。

中国人的种族与民族发展历史说明，所谓的中华民族，从来都不是单一民族，而是由古至今都是一个融合型民族。从炎黄时代起就已经成为融入多民族血统的中华民族，即，以华夏民族为主体，以各民族血液为补充，是混血成龙发展壮大而成为古老悠久文明之中华民族的。融合民族中并不影响各民族文化风俗的保留延续，这是一种统一体中风格上的丰富多彩。民族总是以文化认同感为标准，而不是以其最初族群来划分的，世界上本来就没有纯粹的单一民族，而只有文化风格的持久与否。

纵观民族融合的历史进程，传说时代的炎黄时期是神州大地华夏中国核心与中心的形成时期，再经过夏商周的进一步融合，形成了统一的族群共同体。此后虽有天下分合、朝代更替，融合民族的主体没有变化，并且成员越来越巩固扩大，东南西北中各民族，今天都成为中华民族大家庭56个成员之一了。

21. 历史长河——上下五千年民族史

中华民族有上下五千年的悠久历史，即使从公元前2697年黄帝轩辕氏统一华夏开始算起，到现在，上下前后4700余年，可以说是接近5000年的时间，故取大数，称作上下五千年（上下一共五千年）。实际上，若计入三皇以前的传说时代的话，那时间就有万年以上了（上五千年、下五千年）。

中国五千多年的历史，在古史传说时代之后，一般认为是经历了如下各个朝代，即，夏、商、周（常称为三代时期，周分西周、东周，因春秋战国各国同为东周内各诸侯，所以东周又是春秋战国时期）、秦、汉（汉又分西汉、东汉）、三国（魏、蜀、吴）、两晋（西晋、东晋）、十六国（即成汉、前赵、后赵、前秦、后秦、西秦、前燕、后燕、南燕、北燕、前凉、后凉、南凉、北凉、西凉、夏，简单说就是一汉、二赵、三秦、四燕、五凉和夏）、北朝（北魏、西魏、东魏、北齐、北周）、南朝（宋、齐、梁、陈）、隋、唐、五代（后梁、后唐、后晋、后汉、后周）、十国（前蜀、后蜀、吴、南唐、南汉、闽、吴越、北汉、楚、荆南）、宋（北宋、南宋，同时并存的有辽、金、西夏和南诏、大理等）、元、明、清和中华民国，直到中华人民共和国（需要说明的是，中华人民共和国虽然是中华民族国家历史的自然继承与发展阶段，但由于其属于现代新型人民民主国家，根据其国家性质和宗旨，实际上与各历史朝代有所区别）。

纵观中华五千多年的历史，其突出特点和规律是朝代纷争，多族入主，治乱更替，历史循环；显著标志是交流与融合［三大阶段论：华夏中心论（入主华夏者，华夏主导之），分裂与统一（分久必合，合久必分），历史大循环（朝代更替，历史循环）］。

中华五千年的历史总体上是一部交流与融合的历史。若仍以神州大地为中心由内向外地梳理发展脉络，主要体现为三大历史阶段。一是炎黄至秦朝以前的历史，属于中国内部华夏与四夷形成阶段，是农耕文明与文化的开创阶段，所涉及的范围主要是在神州大地中心与外围区域内；二是汉朝至宋朝末的历史，属于中国与周边藩属关系兴废及文明交流阶段，主要是农耕民族与游牧民族交流融合阶段，大一统观念的形成，使得“普天之下，莫非王土；率土之滨，莫非王臣”，涉及的周边地域更为扩大；三是元朝经明朝至清朝末的历史，属于中国主动或被动走向世界阶段，属于中国传统文明与世界各大文明的交流碰撞阶段。从这三大阶段的划分中，能充分体现出中国人的历史活动范围与文明发展特点。虽然由内而外，越来越广，却时间较晚，范围有限，被动居多，主动不足，呈现一定的封闭性、缓慢性和滞后性。古老悠久的文明历史因此打了不少折扣，不能不发人深省。

中华民族作为融合性民族的另一个显著标志，就是将五千多年历史始终是一以贯之地当做自己的历史，不论是汉族当家做主，还是少数民族入主中原，都是如此。中华五千年中，并不总是汉族一统江山，少数民族入主中原建立王朝甚至还是极盛或历久王朝并不少见，神州大地上的历史当然都是中华民族历史，多民族的王朝也都是中华民族的统治王朝，载入历史自然而然，尽管这种承认历史的方式即使在世界民族历史上也无论如何都显得有些悲壮——对于中华民族的历史而言，民族内部争战与外来侵略本质上的区别就在于，这些民族通过战争或战争之后是不是把自己的民族、文化和土地完全融入中华民族和中国版图。

中国自古以来都是以统一为主潮流的国家，这固然有华夏民族作为融合性民族主体的主导作用，同时也有着各少数民族不可磨灭的巨大历史作用。少数民族入主中原，虽然以占有为目的，但最终结局却完全与其初衷相背离。因为，由于文明发展程度不同和人口数量质量上的差距，使之在入主中原之后，往往处于只有维护汉族文化和地位才能使所建王朝存在下去的尴尬，最终不得不在征服了华夏和入主中原的同时，也把自己民族连祖籍一起并入了中华民族和中国版图。因而，之所以仍将之列入正宗中国历史，并不是因其本属同种同源，根本上是因为其最终以中华文化为正统，或已经同化，或已经成为中华民族永久稳定的一部分。汉族血统实际上也因为少数民族的融合而历久弥新，所以才可以成为融合性民族的代表。各王朝最终都不得不接受和维护华夏中心论，自动成为中华民族整体历史的一部分。

神州大地上的朝代更替，是各民族轮流入主中原而不是哪一民族独撑历史。从古至今，融合民族的特点使中国文化更以神州大地皇权为正宗，并不以民族地

域为所属。而不论哪个民族入主中原，其最终也必然都要融入华夏文明，规律就是：入主华夏者，华夏主导之。这说明，血缘家族部落并不是一个民族的根本特征，而文明文化等精神文明特征才是一个民族的根本特征。中国文明因各民族的共同维护发展，才能够成为世界上唯一没有中断的文明。

中华五千年历史还有一个突出特点，就是由于宗天思想，中国传统文化探求的是溯源追远和长治久安（“早”与“久”），并将之作为一个源远流长、绵延万世、天长地久的整体系统，与此同时，却又似乎确实存在着“分久必合，合久必分”的朝代更替现象，呈现一定的兴亡周期规律。这在三国魏晋以后以及隋唐以后至宋朝以前更明显一些，而之前的夏商周三代和秦汉，主要还是统一王朝，之后的两晋也是一个统一的时代，到了元明清三代，则是三代连续，分终归合，统一为主流。纵观各朝代历史，公元前的两千七百年，合的时间是两千一百多年，而公元后的两千一百多年，分的时间约只为五百年，上下五千年总体上合远大于分。从质量上说，合的性质远远大于分的性质，中华文明传统主要是在合的统一历史中创造并定型的，由此，中国人喜合恶分追求统一的思想才能够形成。

历史上的朝代兴亡，确实存在着一种“其兴也勃，其亡也忽”的兴亡周期律，但这也不足以成为历史大循环的理由。其实，道理很简单，将“其兴也勃”的精神，始终不懈地贯穿始终，就不可能陷入“其亡也忽”的周期性了，只是仅这一点，家天下是做不到的，至少需要真正的天下为公，才有做到的可能。因为，真正天下为公的话，也就无须兴亡更替了。

22. 天下丰碑——中华风流人物

中华民族上下五千年，悠久历史的朝代更替，演绎着令人赞叹的文治武功；古老文明的史诗华章，承载着可歌可泣的风流人物。滔滔黄河，巨龙激荡江山；滚滚长江，浪花淘尽英雄。自从盘古开天地，三皇五帝到如今，中华大地上的风流人物层出不穷，丰功伟绩历久弥新。神州大地上相继建立的各个朝代，对中华文明的发展都作出了各自不同的贡献，历史地位值得评说；而伴随各个朝代，产生了无数风流人物，为民族融合、民族统一、民族发展和民族强盛作出伟大贡献，成为民族的精华、民族的筋骨、民族的脊梁。他们是一个民族可以傲然屹立的座座丰碑，更值得世代铭记。

夏商周三代是中华五千年中历史朝代的开创、奠基与定型时期。夏朝承接中华民族始祖三皇五帝余脉，建立了历史上第一个家天下王朝，居功至伟的大禹精

神，成为统一国家的民族之魂，使中华民族得以凝聚、巩固和发展，华夏文明传统由此开创。商朝继夏而起，成就了中国有文字记载历史。周朝承商而立，奠定了中国文明传统的制度与文化。夏商周三代的文治武功、著名人物可以成语、典故、对句等形式举要，如，夏禹九鼎，夏启立国，少康中兴，夏桀亡国。天命玄鸟，降而生商；商汤灭夏，盘庚迁殷；名臣伊尹，良将傅说；甲骨金文，兄终弟及；比干剖心，箕子佯狂；宠妃妲己，商纣自亡。周祖后稷，神佑不弃；文王周易，武王灭商；太公垂钓，周公吐哺；分封诸侯，宗法井田；成康之治，穆王西征；厉王共和，幽王烽火。

春秋战国时期，先是十二诸侯演绎春秋，然后是众诸侯七霸战国，可谓是文武之道、人才济济、群星灿烂、熠熠生辉。春秋战国时期是中国传统文化发展的巅峰时期，包括思想信仰、文化科技和民族风俗等中国文明发展主体内容风格都得以成型。涉及这一时期的文治武功、著名人物的成语典故如万寿无疆、尊王攘夷、齐桓称霸、晋文主盟、楚庄问鼎、管鲍之交、晏子春秋、孙子兵法、田忌赛马、卧薪尝胆、勾践灭吴、东施效颦、范蠡扁舟；三家分晋、商鞅变法、胡服骑射、伯乐相马、战国四公、狡兔三窟、吴起拜将、孙庞斗智、合纵连横、远交近攻、乐毅共相、睚眦必报、脱颖而出、负荆请罪、荆轲刺秦、纸上谈兵；立锥之地、正本清源、居安思危、哀而不伤、因地制宜、扬汤止沸、殚精竭虑、中流砥柱、视死如归、掩耳盗铃、舍本逐末、千虑一得、刻舟求剑、橘化为枳、竭泽而渔、国泰民安、纲举目张、否极泰来、不同凡响、惩恶劝善、既往不咎、博览群书、拨乱反正、比肩继踵、名正言顺、急功近利、户枢不蠹。另外还有诸子百家著名人物百家争鸣，在文化思想、科学技术和艺术领域的贡献，功勋卓越，如，老子（李聃）紫气东来、孔子（丘）周游列国、孟轲《孟子》、墨翟《墨子》、庄子（周）梦蝶、荀况性本恶、韩非法术势、邹衍五行说、鬼谷兼智谋、扁鹊起死回生、李冰蜀地治水、屈原《楚辞·离骚》等等。

秦汉之际，中华民族传统定制定名之时，天翻地覆，乾坤始定，天下大治，世代承平。秦朝惜短，然其一统天下，中央集权，文武兼备，定制古今。特别是千古一帝秦始皇，扫六合，垦八荒，席卷天下，南通四海，北筑长城，旷古未有；属下之权相李斯、奸臣赵高、名帅王翦、虎将蒙恬等，或居功至高，或遗臭万年。涉及秦汉之交的文治武功、著名人物的成语典故如吕氏春秋、焚书坑儒、指鹿为马、鸿鹄之志、揭竿而起、多多益善、项庄舞剑、破釜沉舟、四面楚歌、霸王别姬等等。

汉承秦制，强国富民，煌煌天朝，人物众多，丰功伟绩，灿若天汉。若举汉代帝王将相的文治武功、著名人物，则有英明帝王如高祖刘邦，斩蛇而起，开创汉家江山、万世帝业；文景之治，奠定强国之基；汉武帝金屋藏娇、北击匈奴，固土安边；王莽篡汉，光武中兴，匡正天下。再有名相良臣、千古将帅如萧何、韩信、张良、陈平、周勃、灌婴、霍光、邓禹、马援、班超、班固等等，或投笔从戎、运筹帷幄、高屋建瓴、暗度陈仓、群雄逐鹿、决胜千里，得陇望蜀、汗马功劳、安如泰山、鸟尽弓藏、飞扬跋扈、株连九族；或萧规曹随、治安削藩、封狼居胥，桃李不言、画地为牢；还有那雁门飞将、亚夫治军、苏武牧羊、昭君出塞，衣锦还乡、夜郎自大，更有匈奴未灭、无以家为，宁愿青山忠骨、马革裹尸。另有一班文臣名士如贾谊、晁错、董仲舒、司马迁、王充、许慎、蔡伦、张衡、华佗等等，罢黜百家、独尊儒术，轻于鸿毛、重于泰山，或经邦，或文治，或经史，或工商，或科技，或神医再现，皆可谓光芒万丈。

魏、蜀、吴三国之时，乱世英雄，群起割据。建立文治武功最著名人物当属曹操、曹丕父子，孙坚、孙策、孙权三父子和刘备、关羽、张飞三结义，但也不乏众英雄如吕布、诸葛亮、周瑜、司马懿、徐庶、郭嘉、鲁肃、吕蒙、陆逊、姜维等等与之争光斗艳。相应的成语典故如三国鼎立、辕门射戟、三顾草庐、鞠躬尽瘁、赤壁之战、唯才是举、攀龙附骥、羽扇纶巾、身先士卒、恩威并用、乐不思蜀、见微知著、色厉内荏、器宇不凡、攀龙附凤、集思广益、养精蓄锐、势不两立、剖肝沥胆、坐而待毙、铸剑为犁、作奸犯科、指日可待、志同道合、意气风发、张灯结彩、偃旗息鼓、要言不烦、笑容可掬、危在旦夕、妄自菲薄、文人相轻、童颜鹤发、谈笑自若、体无完肤、图谋不轨、所向无敌、事与愿违、拭目以待、忍辱负重、如鱼得水、如饥似渴、穷兵黩武、翘首以待、弃暗投明、强词夺理、名不虚传、栉风沐雨、翩若惊鸿、明眸善睐、老骥伏枥、锦囊妙计、开诚布公、坚壁清野、计日可待、魂不守舍、感恩戴德、反戈一击、等闲视之、荡气回肠、淡泊明志、初生牛犊、初出茅庐、出言不逊、不成体统、英雄所见略同、识时务者为俊杰等等，从中也能品味出三国风云变幻、群雄奋起形势。

两晋（西晋、东晋）之时，人物也林林总总，既有名主如司马炎，名相如羊祜、杜预、谢安等，也有名将如祖逖、谢玄等；文化思想方面则有葛洪、慧远、鸠摩罗什、王羲之、王献之等等。这一时代的文治武功和著名人物，可从这一历史阶段史事和成语典故中有所体会，如，司马伐魏、祖逖北伐、闻鸡起舞、同舟共济、五胡内迁、八王之乱、东山再起、三定江南、追亡逐北、八仙过海、放荡不羁、口若悬河、信口雌黄、狗尾续貂、束之高阁、风声鹤唳、斗米折腰、功败垂成、遗臭万年等等。

十六国和南北朝时期，或五胡乱华、民族罹难，或江山半壁、偏安王朝，虽

各自建国立业，但各个割据方国历时短暂，文治武功乏善可陈，除开国君臣荣耀一时外，后世皆难自保。涉及其文治武功、著名人物的史实典故如北魏兴佛、淝水之战、乘风破浪、龙行虎步、寄人篱下、胸有甲兵、徒有虚名、十羊九牧、旷古绝伦、声色犬马、一箭双雕、寸阴若岁、精忠报国、玉碎瓦全、废寝忘食、白日做梦。这一时期文明文化上成就比较突出，如祖冲之圆周率、郦道元《水经注》、贾思勰《齐民要术》、刘义庆《世说新语》、范晔《后汉书》、刘勰《文心雕龙》、钟嵘《诗品》等，影响远及后世。

隋朝作为朝代时日短暂，但统一天下的作用和开凿运河的业绩却非比寻常。人物值得一提的有杨坚、杨素、杨广、韩擒虎、贺若弼、王世充、突厥可汗等。

唐朝为汉代以后又一煌煌天朝、泱泱大国，神州人物，文武兼备，纷至沓来，数不胜数。著名人物如帝王将相中的唐高祖、唐太宗、魏徵、房玄龄、杜如晦、秦琼、尉迟恭、长孙无忌、李靖、李勣、薛仁贵、狄仁杰、武则天，郭子仪、高仙芝等。著名文化人物如僧一行、孙思邈、玄奘、鉴真等天文、药学与佛教大师。李白、杜甫两位浪漫主义与现实主义大诗人，褚遂良、虞世南、欧阳询、颜真卿和张旭、吴道子、怀素、柳公权各大书法绘画名家，以及诗文兼备的大家如韩愈、柳宗元、白居易等。

唐朝的文治武功，在朝代开创之时，也在朝代建立之后，包括玄武之变、贞观之治、开元盛世、武帝则天，开拓东西方文化经贸交流，以及三箭定天山、平定安史之乱等重大事件，从中涌现出诸多风流人物。这一时期所形成的成语典故如济世安民、垂帘听政、罄竹难书、缩地补天、锦绣江山、珠联璧合、垂涎欲滴、画虎类犬、大展宏图、浪迹天涯、比翼连枝、春光乍泄、激浊扬清、安贫乐道、义愤填膺、励精图治、宠辱不惊、名动金瓯、沧海遗珠、唾面自干、呕心沥血、请君入瓮、妙笔生花、恶贯满盈、汪洋恣肆、天涯咫尺、生灵涂炭、义重恩深、神采奕奕、青史垂名、厉兵秣马、画蛇添足、风驰电掣、珠圆玉润、英姿飒爽、冰清玉洁、选贤任能、入圣超凡、人心叵测、班门弄斧、佶屈聱牙、浑然天成、花明柳暗、惊涛骇浪、爱憎分明、爱屋及乌、哀毁骨立、安不忘危、安身立命、安之若素、安居乐业等等，内容极其丰富多彩。

五代十国期间，群雄争霸，金戈铁马，江山逐鹿，各有千秋，所谓的文治武功，往往就是其开创基业之前后，如白驹过隙，刹那间烟消云散，就像是南唐后主李煜词风，虽然细腻委婉，却终成亡国之音。

宋朝的建立，从北宋到南宋，不论是开国君臣，还是守城将相，从陈桥兵变、杯酒释兵权，到澶渊之盟、靖康之耻，以及党争变法、北伐议和等，自始至终，

慷慨悲歌，壮怀激烈，与宋代经济文化上的繁荣昌盛形成了鲜明的对照。著名人物如宋太祖、宋太宗、赵普、吕端、杨业、寇准、包拯、范仲淹、王安石、岳飞、文天祥等等，都是历史大戏的主角儿。文化思想方面则以司马光《资治通鉴》，欧阳修、三苏、柳永和陆游、辛弃疾等的诗文，朱熹、陆九渊的哲学和毕昇、沈括科技笔记等等为影响深远的文明文化贡献。成语典故如山河带砺、朝云暮雨、千愁万绪、黯然销魂、海誓山盟、倾城倾国、黄袍加身、雪中送炭、融会贯通、半部论语治天下、吕端大事不糊涂、留取丹心照汗青等等，并因为诗词的润色更加脍炙人口。

辽、西夏、金三朝，建立文治武功的著名人物以建国立业之君王为代表，如，与北宋对峙的辽太祖耶律阿保机、萧太后，西部建国的西夏王李德明及其子李元昊，最后灭掉北宋的金太祖完颜阿骨打等等。辽、西夏、金的文化成就也很突出，尤其是辽对传播中国文化、西夏对敦煌艺术发展、金代修建卢沟桥等等，都是对中国文明和传统文化发展的重大贡献。

元朝的情况别具一格。因为草原帝国驰骋欧亚，蒙古族英雄史诗可歌可泣，自太祖成吉思汗（铁木真）统一蒙古，斗转星移、八面威风，木华黎征辽伐金，哲别南攻西征，速不台西征欧陆，太宗窝阔台继承伟业；契丹耶律楚材与蒙人镇海同为蒙相、制度蒙元，丘处机劝止杀戮；拖雷征西、监国、攻宋，兀良合台灭大理镇云南，拔都建钦察汗国（又称金帐汗国），蒙哥被拥为大汗，元世祖忽必烈建立元朝，旭列兀建伊利汗国等等，文治武功成就非凡。此外还出现了关汉卿、八思巴、郭守敬、赵孟頫等文化思想和科技方面著名人物。

明朝为统一王朝，文治武功、人物众多。帝王从太祖到成祖，将相从朱升、刘基、汤和、常遇春、徐达、张文忠、冯胜、于谦，到袁崇焕、史可法、戚继光，均书写春秋、光彩夺目；而文化思想和航海、科技等人物也光芒四射，如宗喀巴、王守仁（阳明）、李时珍、徐光启、徐霞客、宋应星、郑和等等，都影响久远。明代流传下来的名言名句最主要的就是高筑墙、广积粮、缓称王，成语典故则在各大经史经典之中，如，此起彼伏、风起云涌、兵劲城固、降龙伏虎、一手遮天、招权纳贿、藏垢纳污、孝子贤孙、鹰犬塞途、血雨腥风、罄竹难书、天灾人祸，民不聊生、官逼民反、险象环生、一波三折、大功告成、称孤道寡、红颜薄命、冲冠一怒、形格势禁、救危扶倾、南征北战、指挥若定、金瓯无缺、举世瞩目、乘风破浪、漂洋过海、奇珍异宝、互通有无、视险如夷、风尘仆仆、跋山涉水、乐此不疲、光怪陆离、甘之如饴、溯流穷源、寻幽探胜。

清朝是中国古代历史上最后一次的少数民族入主中原，也是最后一次的民族

大融合，本来也是中华民族疆域的扩展收复和稳定时期，但末期国土丧失严重。文治武功与著名人物如太祖努尔哈赤奠基，太宗皇太极建立清朝，世祖福临定都北京，圣祖玄烨和高宗弘历开创康乾盛世，至慈禧太后则家天下覆灭不远。期间，既有郑成功收复台湾，冯子材、聂士成国门御敌，林则徐缴烧鸦片，丁汝昌、邓世昌为国捐躯之壮举，也有洪秀全太平天国起义，曾国藩、左宗棠剿匪立功；既有李鸿章、张之洞洋务运动，也有康有为、谭嗣同变法维新。文化思想著名人物则有黄宗羲、顾炎武、戴震、纪昀、曹雪芹、龚自珍、魏源、黄遵宪、梁启超等。

清代盛行考据之风，文化上有集大成之功，所以取自经典的成语典故格外丰富，如，畏葸不前、与日俱增、民安物阜、惩一儆百、船坚炮利、国计民生、厝薪于火、渔人之利、泾渭不分、骨鲠之臣、毫厘千里、推诚布公、杀人越货、蛊惑人心、沽名钓誉、姑息养奸、玩物丧志、虚怀若谷、删繁就简、驾轻就熟、声名狼藉、养痈贻害、华而不实、以夷制夷、前车可鉴、汪洋恣肆、文过饰非、动辄得咎、同仇敌忾、虚与委蛇、殚精竭虑、咫尺天涯、流风余韵等等，此后即流行天下。

纵横历史，指点江山，激浊扬清，品评人物，华夏中国，星光灿烂，丰功伟绩，闪耀千古。历数各朝各代风流人物，不论是汉族人物还是少数民族人物，均应以是否为中华民族统一、发展、强盛作出过重要贡献，作为其是否属于令人肃然起敬的民族丰碑人物的标准。概括起来可以分为各个大类，如，促进民族融合、民族统一的，推动民族巩固、民族强盛的，致力民族发展、民族文明的，以及为民族精神思想文化进步发展作出贡献的人物等等。

首先是人文始祖型人物最应该得到崇拜。如三皇五帝中的伏羲、女娲、神农和炎黄、尧舜禹等。他们是中华民族融合统一发展的开创者、发明者、缔造者，是天下为公的千古楷模，也是中华民族的精神典范。其次是各朝代展现天子智慧的史诗式传奇式人物令人敬仰，如夏启、商汤、周武王、秦皇、汉武、唐宗、宋祖、元太祖、明太祖、清太祖等。他们显赫的文治武功，为中华民族融合统一强盛发展作出贡献，代表了中国古代历史曾经有过的辉煌，成就了中华民族历史的光辉灿烂篇章。再次是为中华民族繁荣昌盛、巩固发展作出贡献的贤相能臣、将帅良才令人敬佩。这一大类人物，如前所述各朝代将相人物，人数众多，其中又多以开国创业之人物最为著名。还有就是为中华民族精神思想文化科技发展作出重要贡献的各民族各朝代杰出人物令人尊敬赞叹。

另外，要特别指出的是，中华民族的风流人物当然包括各少数民族创世神话与传说、英雄史诗以及历史记载中的众多英雄人物，因为他们也是中华民族历史文明传统文化的重要组成部分。然而，中华民族传统文化多元一体，这里突出主体，并不影响另外的多元展现，各民族风貌也都有专门介绍。

总之，尽管丰碑已经树立，可历史毕竟是历史。伟人毛泽东曾追溯历史，评说古今，挥笔写下《沁园春·雪》，词曰：北国风光，千里冰封，万里雪飘。望长城内外，惟余莽莽；大河上下，顿失滔滔。山舞银蛇，原驰蜡象，欲与天公试比高。须晴日，看红装素裹，分外妖娆。江山如此多娇，引无数英雄竞折腰。惜秦皇汉武，略输文采；唐宗宋祖，稍逊风骚。一代天骄，成吉思汗，只识弯弓射大雕。俱往矣，数风流人物，还看今朝。

第 8 编　江山如画——民族风貌与民族精神

我们为什么是中国人？仅仅从概念上来领会其词义显然是不够的，还要深入地接触各个民族，真真切切地去体会各地的文化风俗，领略博大精深的民族风貌。中华民族是一面旗帜，一面具有多元一体血脉的旗帜，也是一面具有博大包融统一精神的旗帜，只有在这面旗帜之下，你才是一名真正的中国人。

23. 千姿百态——民族风情风貌

中国自古以来就是一个多民族聚居的国家，生活在这片美丽富饶土地上的每一个民族，都对民族融合与统一多民族国家的形成作出了自己的贡献。指点江山，古语中的那华夏神州“十里不同风，百里不同俗，千里不同国”的丰富多彩的民族风貌，就是多元一体民族国家的特色所在。于是，神州大地之上，泱泱大国之中，由古及今都呈现着天下为一、民风相异的特征，生于斯长于斯的各个民族，既能够保持每一个民族的自身特色，又缔造着有着共同的精神思想追求的大一统国度。因此，中华民族国家就是各民族共同的家园，各民族不同风格就是中华民族风格，中华民族文明就是各民族共同的文明。这是东方文明贡献于人类社会的民族和谐、共存发展的经典范例。

按中国传统文化习惯，神州大地的“东西南北中”已经概括了中华民族总体特色风貌，即，以华夏中国（各大朝代古都和京畿之地）为中心，向周边各区域扩散展开，九曲黄河、滚滚长江和逶迤岭南，自古就是横断中国南北地域风貌的传统界线，而大河上下、大江南北和由江向海的发展，又形成了古代中国传统的东部与西部分界线。于是，黄河流域以北，远及东部滨海、大漠深处和西域，成为中国真正的北方——包括华北、西北与东北；长江流域以东，从雪域高原源头到中下游地区，则地处神州大地腹地和沿海——包括西南、华中、华东；此外就是以岭南著称的南岭南国——包括珠江流域的华南、海南和南海等南疆的广大地区。

①华北地区（京津冀晋蒙）的民族风貌——大漠之风、河朔之风、三晋之风、燕赵之风。

华北是一个历史地理和行政区域概念，前者指古代华夏中国正北方，主要是黄河以北，东起大兴安岭，西至阿尔泰山之间的北方蒙古高原方向；后者指的是近代以来的华北地区，现今是以京津冀为中心，包括北京、天津、河北、山西、内蒙古自治区等二省二市一区。

华北地区的自然地理形势，自西向东，是一系列的高原、山脉、戈壁、沙漠和草原，衔接紧密，广袤浩瀚，交互影响，绵延数千公里，特别是阴山山脉，连绵起伏、矗立北方，将辽阔广袤的蒙古大漠分成了漠南和漠北两大不同风貌的区域，同时，与漠南相连的晋冀地区，披山带河，枕燕云而盘长城，控朔漠而驭华夏，津海卫都，国之咽喉，自古就是保卫华夏中心地区非常重要的天然地理屏障。

华北地区自古就是黄种人族群的交流与交融地区，是黄种人原始文化的交汇地区（如兴隆洼红山文化与仰韶龙山文化等），是中华多民族生存繁衍地带，是历史上中华民族的形成地区。早在中华民族始祖黄帝、炎帝时期就曾融合了神州大地各种族系脉，围绕华夏形成了古代民族如北狄、西戎、东夷、南蛮等多民族群体，华夏民族从此强大并称名于世。因为属于民族交流与融合最为密切的地区，各民族为中华民族融合所作的贡献也最为独特，所以华北是当之无愧的民族发源地或文明发祥地之一。

北方大漠，历史上总是与几个强悍的少数民族的名字紧密联系在一起。曾经出现过的民族，如引弓之民的匈奴、契丹、蒙古等，因为建立起了影响华夏的游牧帝国，最早出现在史籍中，而各民族在不同的朝代发挥着不同的作用，也为中华民族融合作出了贡献。

匈奴之后的柔然、鲜卑、突厥、契丹、西夏和蒙古等，也都曾交替在北方建立过自己的王朝，特别是南北朝时期的五胡十六国，都曾在黄河以北地区的华北西北等极尽改朝换代之能事，后来的辽金元清等少数民族政权，或占据半壁江山或属统一天下王朝，对民族融合和文明发展影响较大。如源属东胡一支的游牧民族鲜卑，继匈奴之后建立了北魏，统一中国北部并统治 148 年，主动进行了一系列汉化改革，最终融入汉族。再如同属鲜卑支系的契丹族（有资料考证，英语

China就源于契丹，是契丹旗帜上狼的契丹发音，而不是因为古代中国的秦或瓷器得名，在俄语、希腊语以及中古英语中，整个中国均被称为契丹，沿用至今）所建立的辽朝，疆土十分辽阔，东邻今鄂霍茨克海、日本海，西越阿尔泰山，北达外兴安岭，南抵河北，有效统治并开发了中国北部，历时二百余年，因文化灿烂、历史辉煌而使中国文明传播至西域和西方。

不到北方不知道天下草原大漠如此广袤，历史上蒙古族的草原帝国，建立过世界历史上没有哪个民族能够超越的征服业绩，因为其曾经驰骋欧亚大陆，成为真正的日不落帝国，也因西方人对这一征服留下了铭心刻骨的历史烙印。蒙元朝代很短暂，因为其固守草原文化，歧视文明程度高于自己的华夏文化，最终未能实现“马上得天下、马下治天下”，只是成为中国历史上唯一全身而退的覆灭王朝。当然，这并不影响蒙古民族对古代中国的大一统和中华民族融合所作出的巨大贡献。

神州大地上的中华民族，早已形成了数千年不变的民族融合的历史规律，那就是华夏汉族与少数民族的互不分离与融合共存的关系。因为，汉族地区较早创造了发达的农业文明，也创造了彰显文明的农耕文化，成为与游牧民族相比较的先进繁荣地区，而入主中原的游牧民族对华夏中国的征服过程，往往也变成了改造自己民族性的过程，最终只能融合同化，从而也就把自己民族连祖籍一起并入了中国版图。

由于华北的天然地理屏障作用，自古以来就是大漠草原之风与华夏农耕之风交汇交流与交融地区，是天然的游牧与农耕两大民族活动的分界线，也就成为了胡汉相争的历史大舞台；长城雄关，托护京畿江山；豪杰侠士，撑起幽云脊梁。紧邻大漠的燕赵之地，自古就是煌煌天朝首都和京畿之地，最终形成了天子守边的奇特现象。王朝乱则边乱，王朝治则边治。华北地区风云际会，勇武任侠，有慷慨悲歌之风，形成了中国民族文化中独特风格的燕赵文化、晋文化、蒙文化和京津文化。

②东北地区（辽吉黑）的民族风貌——游牧狩猎、粗犷豪爽之风。

远古时期，舜帝曾封天下十二座名山，最北端医巫闾山以北就都成了东北，远古中国九州或十二州，东北分别在冀州、青州、幽州、营州的辖内。自周秦以后，东北各民族活动地区则远在辽水、松花江、牡丹江、黑龙江流域，最远包括西伯利亚（鲜卑利亚）、贝加尔至远东滨海地带，如东南沿日本海与鄂霍茨克海左岸地区的库页岛，以及朝鲜半岛北部。一直到明朝为防御蒙古和女真，命大将徐达在今山海关长城处修筑雄关锁钥的关城（后至鸭绿江对岸），此后从华夏中国的观念看，成为关内关外或塞内塞外分界线——关里为内地，关外为东北，也称塞外或关东。现今的东北地区则只包括辽宁、吉林、黑龙江三省（旧曾含内蒙古自治区的赤峰、通辽、呼伦贝尔三市和兴安一盟），习惯上又称东三省、关外、关东等诸多称呼。

作为一个地理概念，东北地区在神州大地上的版图位置最为特殊，曾经是土地广袤、民族众多、人口稀少地区，但不论是民族还是文化，以满汉融合为主体的多民族的东北黑土地，对中国历史传统的形成，影响相当深远。东北的神奇早在地球上最后一次冰河期结束不久就开始了。当初的原始先人（包括阿尔泰族系先民，是通古斯、突厥和后来蒙古族系的祖先），以辽西作为发源地最早开发了东北，他们曾经走过松辽流域，走向乌苏里江，并向鄂霍茨克海地区移动，借助于冰川期间形成的沿海陆桥，通过白令海峡，踏上美洲，沿着北美西部的冰川走廊，进入美国西部，有的则一直到达了现在的中美洲和秘鲁。

东北是一个多民族聚居地，中国历史上的所谓少数民族都是由五部分演化而来的，而东北就至少有东胡（以鲜卑、契丹、蒙古为代表）、通古斯（以满洲为代表）等两大部分（另外是匈奴、突厥和羌藏三大部分）。东北古民族的起源在远古时代的炎黄、东夷、苗蛮、戎狄四大民族系统中属于东夷族系。古商族如孤竹、燕、令支、箕等很早以前就以东北为大后方，那里早就活跃着众多散放野养、自生自灭的氏族部落和族群。

东北古民族的原始图腾时代，图腾崇拜极为盛行，如东胡的狐图腾、秽貊的四鸟四兽（虎豹熊罴）图腾，夫余的野鸭图腾，契丹的猪图腾、匈奴的狼图腾、鲜卑的熊罴图腾等等，也曾经广为流行萨满教（萨满，通古斯语译音，是沟通人神关系的中介，原始宗教的代名词），以及喇嘛教（佛教）。由于万物有灵等宗教思想根深蒂固，都将自己民族的始祖当做神灵的化身，产生了不少民族诞生神话——都流行卵生神话，并都共同崇拜鸟、犬、龟、龙等文化风俗特征，与神州内地民族有许多相似之处。例如，同样是天命玄鸟的剖卵而生的朱蒙为高句丽先王，同样是吞卵感孕变成仙女吞红果而生满族始祖布库里雍顺，再有像一个骑白马的男子和一个驾灰牛的女子至木叶山相遇而结为夫妇为契丹之始……

也许正是由于这诸多的神奇之处，相对于中央王朝的内地，东北地区虽然属于昔日的藩属之地，但也是龙兴之地，发源于东北的民族始终在北方的历史活动中起主宰作用，民族演变和边疆地方政权附属国的朝代更替的历史甚至不比内地逊色，不但出现过兴衰随运的各种民族（夫余族曾建立夫余国，高句丽族建立高句丽国，粟末靺鞨建立渤海国），也潮起过占据半壁江山的豪杰政权（契丹族建

立辽国，女真建立金朝，鲜卑九部中的拓跋氏建立北魏），更诞生过入主中原、席卷天下的中央王朝（室韦蒙古族建立了蒙古汗国和元朝，女真满族统一中国建立清朝），其中，清王朝统一东北诸部，收复蒙古，以《中俄尼布楚条约》确定中段和东段边界，为巩固东北疆土和中华民族多元融合与发展作出了重要贡献，其历史文化影响远播中外。

不到东北不知道天下沃土如此广袤，不到辽吉黑不知道天下大地如此富饶。东北四季分明，地域广阔，山水环绕，森林沃土，资源丰富，从古至今，不论是渔猎狩猎还是游牧农耕，东北各民族的粗犷之风、豪爽之风体现得最为充分，并由此形成自己的地域文化风貌。

③西北地区（陕甘宁青新）的民族风貌——关中之风，河朔之风，西域之风。

西北地区，是古代沿用至今的习惯说法，指关中到西域的广大地区，大致包括今陕西、甘肃、宁夏、青海、新疆三省二区。

历史上的西北，自然地理相当广阔，不但包括陕甘宁青新，而且包括外蒙和西域。西北在历史上留给人们最清晰的印象，大概是丝绸之路的时代，西部的历史也以一条丝绸之路的开通为分界线，此前是古民族融合地区，此后则是联通内地与西域远至欧洲的东西方联系交往的大通道。

丝绸之路的出发点黄河流域的黄土高原，是中国文明的重要发祥地，特别是号称八百里秦川的关中地区，自古为帝王都，历史源远流长，民族文化闻名遐迩，是伴有河朔之风的关中秦文化的诞生地。陕西与丝绸之路上的甘陇宁青，都是多民族聚居地区，炎黄时期就开启了民族融合的历史，曾经是西北古民族西戎诸支活跃的地方，几乎所有的北方民族如匈奴、乌孙、氐、羌、柔然、鲜卑、吐谷浑、突厥、吐蕃、蒙古、西夏、回纥等，都曾在这一地区建立过辉煌一时的割据王朝。古代著名的少数民族，因民族主要部分或融入其他民族或直接融入汉族，多已在历史中消失，而由于多民族的相互吸纳融合，各民族也是你中有我、我中有你，很难有纯种民族，尤其汉族，几乎是融合了所有少数民族的融合性民族，而多民族的分化融合、改朝换代、风云际会、兴衰起伏，又客观上加速了多民族交流与融合。

丝绸之路在河西走廊尽头西出阳关的地方，就通向了曾经遥远而又神秘的西域——古时是指从玉门关和古阳关到西部边疆，最西部到达葱岭，再往西经中亚、西亚就可以直达欧洲地中海沿岸的广大地区。

不到西部不知道天下土地如此精彩。连绵不断的戈壁沙漠、草原绿洲、高原盆地与火焰山，横贯中部将全境分为南疆和北疆的天山，是新疆的自然地理特征。

历史上，天山北麓逐水草而居的草原游牧与南疆相对封闭孤立的绿洲农耕文明，形成了各具特色的西域文化。

先有方国，后有王朝。汉朝以前的西域，从河西走廊到天山南北，部族众多（白种与黄种、西胡与东胡）、小国林立（西域36国），最终，古民族匈奴在与月氏、乌孙的角逐中率先统一了西域，建立了广及东西部的游牧帝国。匈奴西迁之后，才有了柔然、鲜卑、突厥和回纥（或回鹘）的先后崛起，特别是突厥和回纥。

古之西域，今之新疆，作为中国西部最典型的代表，新疆既是多民族聚居地，也是古代中国与其他种族民族交流交往的主要地区，因此成为东西方种族民族交汇交集交融的地区，由此也成为历史上不断给中华民族输入新鲜血液的地区，各民族为中华民族融合都作出了不可磨灭的贡献。

西北地区同时是东西方文明的交汇地区，也是东西方民族与文化的交流与交融地区。新疆是最早形成东西方迁徙历史和吸收东西方文明的地区，因此，它的特殊之处不仅在于民族融合方面的贡献，还在于文化方面的贡献，因为它是最早的东西方文化的交流与交汇地区，同时也就成为了东方文化吸收和改造西域文化的最早交融地区，形成了西域之风和西域文化历史。多民族文化交流使中国传统文化发展受到特别的影响，突出表现就是佛教的输入，波斯、希腊文化的羼入，道教的勃兴。诸多新文化因素互相影响，交相渗透，使儒学和孔子地位受到猛烈冲击，脱去了神秘成分和神学外衣，逐渐形成以儒学为核心的三教合流的趋势。文明程度决定着发展方向——本土华夏文化宗天神学与大众的神秘性最大的不同是，在外来的西方文化中，实现了神秘文化的大众化，神学还与自然、天文、历法、物理、科技等知识一起传播着，这样就形成了对传统文化的普及优势和改造趋势。

西北西域，广袤无垠，具有资源丰富、多民族聚居、亚洲腹地等等发展优势，西部的发展越来越显示出其重要的战略意义。

④西南地区（渝藏云贵川）的民族风貌——雪域之风、巴蜀之风、云贵（滇黔）之风。

西南地区是指位于华夏中国西南部的广大腹地，包括青藏高原东南部、四川盆地、秦巴山地及云贵高原大部。现今的西南主要指四川、云南、贵州、重庆、西藏自治区等三省一市一区（地理意义上还包括陕西南部、湖北西北部和广西北部）。

不到西南不知道天下如此绚丽，雪域高原、云贵高原、巴蜀故地，再加上百川汇流、大江东去的自然地理形势，使得西南的江山分外秀美。与此同时，更为神奇的是，西南地区与黄河流域和中原华夏有着极为深厚的民族渊源关系，甚至可以说，西南与关中一样，也是中华民族重要的起源地和中国文明发祥地，在中国传统文化上的贡献是极为突出的。

西南属中国少数民族最多的地区，现今中国的少数民族中，很大一部分都分布在西南地区。自古以来，西南就是多民族频繁迁徙交往和交流融合的出发地和大通道。历史上，从最早的百濮民族、羌氐民族、百越民族，到后来的苗瑶民族、汉藏民族，再到回迁于此的汉族和蛮夷各民族，形成中华民族的九大古代族系大多都曾有族群在西南活动过。从雪域高原、云岭南北、三江流域到秦巴山地，都分别呈现着从古老民族到少数民族的不同的民族风貌和文化格局，呈现着各民族曾经的家园丰富多彩。

青藏高原是黄河、长江与澜沧江三江发源地，雪域高原最早的居民应该是百濮民族如古羌族等，历史上的羌族在向青藏雪域和黄河流域的迁徙中发展出了汉、藏两个民族（汉藏同源说已经得到世界的公认，汉语、藏语同属汉藏语系），秦汉时期的藏族在与当地雅砻土著混血之后形成了今天的藏族，而汉藏分流只不过是古今西南民族分化融合的诸多史例之一。

西藏自古以来就是多民族聚居地，历史上，包括藏汉民族在内的各民族，都曾相继迁居至此，共同创造了灿烂的古代文化。公元 7 世纪初，松赞干布统一西藏各部，建立了吐蕃政权，势力东扩至青海四川，甚至曾侵入关中，融合青藏川诸羌部落，形成大藏区版图。西藏在藏语中称为博，藏族自称博巴，普遍信仰藏传佛教（佛教传入前，崇信多神的原始宗教本教），同一信仰的还有蒙古、土、裕固、门巴、普米、纳西等民族。西藏从元朝开始实行政教合一体制，明清时正式确立中央政府册封制度以及达赖班禅封号，藏传佛教实行活佛转世制度，西藏地区文化显著特色是藏传佛教文化。

雪域高原下的云贵红土高原，聚居着全国最多的少数民族（占全国少数民族人口的七分之一，25 个少数民族中，有 15 个民族为本地区独有），云贵地区是中国最大的彝族聚居区，是西藏之外藏族人口最多的聚居区、唯一的羌族聚居区、苗族主要聚居区（占全国一半），也曾是古越族的起源地，有古越族最后的根。千百年来，从苍山、洱海，到乌蒙、苗岭，即使平坝上是天无二日晴、地无三尺平，也是得天独厚的地方，有着地理历史高度凝聚性和一致性的风俗文化，形成了千姿百态云南滇黔文化圈。

地处西南边陲的云贵高原，曾经是独立方国割据的天下。从战国楚国庄乔开滇时的古滇国，到秦汉三国时蜀国，再到魏晋南北朝时分属生活在唐与吐蕃夹缝中的武陵、洋柯国，直至宋代白族段思平大理国；忽必烈征云南，灭大理国设云南行中书省，明朝设立土司，采用“土流兼治”和“改土归流”的统治政策，明清延续。历史上，割据一方的各民族也有强弱大小之分，并按三个等级居于平坝(盆地)、半山和深山老林，由此就更加独立封闭，形成独有或原生文化特征。只有云贵高原密林深处的夜郎古国，才能产生类似于秦汉西南夷夜郎自大那样相当久远的历史故事。而彩云之南那兴于唐宋、盛于明清、名于二战的茶马古道，就似乎在揭示着数千年前的古老故事，告诉人们从古至今民族迁徙演变的诸多秘密，包括中华民族文明何以能从西南发源以及原始先民如何能经西南迁徙至腹地。

西南地区的西南文化是中华文化的重要组成部分，各民族都有着自己的丰富多彩的民族文化生活和节庆节日。不论是古滇文化（含东巴文化、贝页文化），还是南诏文化、大理文化，以及火塘文化、木鼓文化，多民族传统的风俗习惯中，既保持着原始自然崇拜和多神信仰，也融合保留多种汉族古文化，同时受外来宗教信仰影响，呈现着西南地区的总体民族文化风貌。

“巴蜀由来古，殷周已见传。”（郭沫若）巴蜀民族为百濮系羌华后裔原住古民族，先秦巴蜀地区的民族大部分是百濮支系，巴族、蜀族是其中较大两个大族，与华夏中国有着悠久渊源关系。早在商周时期，成都所在的四川地区和重庆所在的大巴山地区，已建立了巴国、蜀国，曾经列入周武王伐纣之时西土八国的巴蜀，实际上早已成为“沃野千里，天府之国”。春秋战国至秦汉，从蜀郡、巴郡到益州，都以此地为天下粮仓。现今，川渝境内东部为巴，西部为蜀。巴蜀文化是蕴藏着最深厚文化底蕴的文化，巴山夜雨，秋春雾都，也酿造了巴蜀文化的神话色彩，以神话形式传颂的各个族系。不论是教民蚕桑的古代蜀王蚕丛、柏濯，还是率民渔猎的鱼凫、劝民农耕的杜宇（望帝）、教民治水的开明（鳖灵），都是有着杜鹃啼血精神的著名时代，奠定了古蜀成都川府的发达农业基础。历史上经历了诸如湖广填四川之类的民族大迁徙后，川渝地区巴蜀文化既有鲜明特色，又有融合性特征。

⑤华中地区（豫湘鄂皖赣）的民族风貌——中州之风、荆楚之风、江淮之风。

华中地区指中国传统地理大区的中部地区，位于黄河下游、长江中游，居华夏神州江河平原腹地，相对于沿海地区是内陆，但因承东启西、沟通南北，属水陆要冲、交通枢纽。现今的华中地区包括河南、湖北、湖南、江西、安徽等五省（这里为叙述方便，以是否沿海为标准，将皖赣从华东划入华中），华中地区常与华南地区合称中南地区。

以中原大地和长江中部平原两大区域为主的华中地区，自古以来就是华夏中

国的中心地区，不但是最早成为中华民族交流与融合的核心地区，同时也是中国文明与文化的主要发祥地区。

自古就是中华民族摇篮与中国文明发祥地的中原地区，地处黄河中下游一带（主要是河南及周边地区），自然地理形势上，辽阔广袤，肥田沃土，又有河岳山川拱戴，属天下至中之原野，因而，自古以来就被神州大地各民族视为天下中心。历史上，华夏民族及其周边的北狄、西戎、东夷、南蛮等各少数民族，都曾以中原大地为中心进行割据称王、相互融合，中原因此成为各民族群雄逐鹿、称霸天下的核心地区，从而也就成为多民族交汇、交流与交融的主要地区，中华民族最早的族群——源于游牧民族或少数民族的华夏民族与农耕民族，就是在这样的民族融合中形成的。历史上，各民族都认为逐鹿中原、入主华夏，方可以正统王朝而鼎立天下，由此也就形成了以中原为中心的政治文化传统，而中原在中国历史上绝大部分时间也确曾为多个朝代政治、经济和文化中心。山河拱戴、天下至中、问鼎中原、兵家必争，而且向心凝聚、交汇交融、周边扩散、文明传播，中原因此不但是民族融合与融合文化的创造中心，也是中华文明与文化的传播中心。中华各民族文化的相互融合造就了中原文化，并使之成为民族文化中最为源远流长、包罗万象、博大精深、光芒璀璨的文化，因而成为华夏文化正统和中国文化的代表。中原文化是真正的中华文化的中流砥柱和文化之本、文明之根。

远古黄河流域中原鼎盛之时，与之自然地理上结合最紧密的长江流域，还属于中原文化视野中的偏僻放逐之地。自古越弱势就越往南方或偏远的地区退却。也正因此，作为华中另一中心的长江流域荆楚地区，成为了华夏与东夷、藏缅、巴蜀、苗瑶、蛮越等民族迁徙与交融区域，并因问鼎中原、楚汉相争、吴楚争霸等一系列重大朝代纷争历史，逐渐发展成为可与黄河流域中原文化相媲美的长江流域荆楚文化。

不到中部不知道天下江山如此妖娆。长江中部沿岸诸省市都曾属于荆汉之乡、吴楚之地，众多大江大河、平原湖泊，是从内陆通往华南和进入西南边陲的咽喉，区位优势明显。同时，衔远山吞长江，浩浩荡荡，气象万千，堪称“鱼米之乡”、“天下粮仓”，所以有“湖广熟，天下足”的美誉。

中华民族以文化立国，中原文化与荆楚文化都属中华文化中的核心文化。中原是龙腾之地，荆楚是凤翔之乡；中原是中华心脏，荆楚是中国脊梁；中原洋洋洒洒，荆楚倔强勇武；中原文质彬彬，荆楚天人合一。当北方民族忙于逐鹿中原、问鼎周室、割据统一、称雄天下之时，荆楚之邦也曾北上中原、饮马黄河、席卷淮域、囊括吴越、灭鲁侵齐、追亡逐北。唯楚有才，于斯为盛。只有古老的荆楚文化，

才能孕育出湘楚英才，既有湘鄂将帅、皖赣英雄、长江浪子、江淮名人，也有如天上九头鸟的鄂商与能淘尽天下财富的徽商。

⑥华东地区（鲁苏沪浙）的民族风貌——齐鲁之风、吴越之风、江南之风。

华东地区是指中国东部从黄河下游到长江下游沿海地区，习惯上包括山东、江苏、安徽、浙江、江西、福建、台湾和上海等七省一市（这里为行文方便，将不沿海的皖赣和沿海的闽台分别列入华中和华南两部分进行叙述）。历史上，华东有狭义和广义之分，狭义华东指七省一市，广义华东则包括狭义华东各省市，再加上除山西外的华北各省市区，甚至包括过东北三省。

华东地处神州大地沿海地区，相比内陆山川，自然地理上属后起之地。从山东、江苏的渤海、黄海之滨，到上海、浙江的黄海、东海沿岸那美丽而富饶的土地，兼具黄河三角洲、长江三角洲的万源归宗、向海龙头，山水之壮丽与鱼米之乡相结合，显示出较高的生存开发价值，历史上就是各民族蜂拥而至的迁徙之地。华东就是神州大地上华夏与戎狄夷南下、百越苗蛮北上的交流交汇交融之地，自然成为各民族与文明交汇交融地区，经过东西南北各民族的分化融合和历史变迁，才形成齐鲁、吴楚、吴越等不同风俗族群，以及沿海地区独特风格的水乡文化，因此而具有深厚的历史文化内涵。现代人类遗传学发现，在中华民族遗传因素中，北方与南方汉族人差异大于其与少数民族的遗传差异，而并不存在东部人与西部人差异。

作为黄河流域与长江流域和南方北方的文明交汇地区，华东既是中原文化、齐鲁文化与荆楚文化、江淮文化的交融地区，也是北方文化与南方岭南闽越文化的交流融合地区。黄河流域的齐鲁文化是齐文化和鲁文化传统的钟神造化，而长江流域的吴越文化则是吴文化和越文化的天造地设，它们都是中华文化的重要组成部分，代表着华夏文化与百越文化的兼收并蓄、求同存异，为中华大文化不断增光添色，并引领现代文化，所以突显了民族文化的多彩璀璨和中华文化的博大精深。

不到东部不知道天下山水如此绝妙。从黄河流域巍巍泰山下膏壤千里的山东，到水乡泽国、肥田沃土的江淮，再到人间天堂、鱼米之乡的沪宁、苏杭与宁绍等长江三角洲地区，华东各地自古是名扬天下的繁华丰饶之地、温柔富贵之乡。从历史悠久、吴歌浅唱的六朝古都南京，到吴侬软语、小桥流水的苏州，再到“欲把西湖比西子、淡妆浓抹总相宜”的杭州，都散布着温柔之乡的粉黛之风，观钱塘春潮，品龙井香茶，吸纳山水灵气，领略江南风情，浸染着浓郁的人文色彩，也渗透着厚重的历史气息。

华东地区历史上多民族文明的交汇融合，据鱼盐之利和通工商贸的历史，以及近代工业兴起较早，内河航运发达，由江向海的发展趋势，不仅使之成为中国经济文化最发达地区，同时也奠定了其形成现代大都市的发展基础。神州大地上的华东，在从北方到南方的文化发展和由江向海的文明发展进程中，似乎从古至今都在显示着自己与外地相比的前卫和现代。上海是中国百年沧桑历史的缩影，是现代中国的钥匙。如今的上海，不但是南北之中、江海之会，是现代中国第一大城市、最大的工业城市、最大的经济中心，而且是世界特大城市，国际经济、金融、贸易和航运中心。曾经的浮生若梦、迤逦沉醉、华丽沧桑，已经变成独有的城市气息和人文景观，在经济改革浪潮中雄势独居、挥发着挡不住的绚烂。

⑦华南地区（闽粤桂琼港澳台）的民族风貌——岭南之风、百越之风、南海之风。

华南地区位于我国最南部。历史上，秦岭、淮河以南地区都是广义上中国南方地区，华南广义上是指岭南八闽八桂等百越地区和西南、华中部分邻近地区，而狭义上则指中国南部沿海地区的今福建、台湾、广东、广西、海南等五省一区和香港、澳门两个特别行政区（闽台属华东、华南重叠区），以及划归上述省区管辖的临近海岛，包括东海诸岛的钓鱼岛及其附属岛屿和南海诸岛的东沙群岛、中沙群岛、西沙群岛、南沙群岛等。当然，历史上更遥远的南方还包括东南亚部分地区。

华南地处岭南（又称岭外、领表），北靠五岭（越城岭、都庞岭、萌渚岭、骑田岭、大庾岭，五岭统称南岭山脉），东接福建，南临南海，西连云贵（历史上曾远及越南北部，宋代后分离）。南岭山脉是长江和珠江两大流域的分水岭，也是江南与南部中国最大的天然屏障，历史上曾阻碍岭南地区与中原地区的交通与经济联系，从而使山水甲天下的岭南地区反而成为化外之地，百越各民族因此才有闽、越、蛮、夷之称。

华南地区自古为中华民族的多民族融合地区，是北方人避乱南迁和频繁的民族大迁徙的主要地区，与此同时，南国闽越之地，正如其门上的图腾闽字所指，关在门中是虫（虺 huǐ），出了门才是龙——因为地处沿海四通八达的地理形势，加之频繁的民族交流和密切的海外联系，使之不但有陆上大通道，也有最便捷的出海通道。由此才有历史上享誉中外的海上丝绸之路的诞生，并因此而使福建、广东成为了中国最著名的侨乡，旅居世界各地的闽粤籍华人华侨人数众多。

闽粤地区不但是出门之龙，也有着门中之龙的革命传统，从古代到近代都曾以自己的独立意识、反抗胆识和献身精神，创造了无数可歌可泣的英勇史例，也曾涌现出许多杰出和著名人物，为中华民族的历史发展作出了不可磨灭的贡献。尽管如此，历史上封建王朝的腐败无能，曾经先后丧失过属于华南地区的宝岛台湾、东方之珠香港、澳门，甚至还有琉球群岛等大部海疆，曾经令中国人不能不望洋兴叹。

不到岭南不知道天下风光如此艳丽，不到百越不知道南国民族文化如此多彩。岭南是中国南方地理环境相近，人民生活习惯相似的特定区域，具有统一文化环境特征，从而成为中国民族传统文化的代表地区。所谓的岭南文化，主要包括闽越文化、粤桂文化、百越文化。其中像闽越文化，甚至保存了在北方已经遗失的古中原文化。数千年的民族融合形成了多元一体的统一国家，而在追求中华民族共同国家意志的同时，各民族也保持文化的多样性，并且在共同的发展中得到丰富多彩的体现。

24. 举世无双——民族天下精神

中华民族的形成过程，也是其民族精神的创建过程。民族精神体现了民族整体性格和文化传统惯性，其最核心内容是民族传统的宗教信仰和思想文化，以及作为其表现形式的民族共同的价值观念与价值追求。与此同时，民族精神的核心内涵是稳固发展的，而民族精神的表现形式和侧重点，则受历史阶段性和时代发展演变的影响，往往是与时俱进的。

①传统民族精神产生的根源。

东西方文化的源头都是远古人类自然崇拜时期的原始宗教，由此出发形成了东西方不同的思维模式，东方中国从中发展出了宗天神学，西方从中发展出了宗教神学。中华民族传统的民族精神的产生，根源于中国原始时期东方思维模式下的宗天信仰，以之为源头并不断地发展积淀，从而形成了天下精神和天下理想。

②宗天模式下的多民族信仰。

中华民族的融合性民族特征及其所选择的宗天信仰，具有最大的包融性和最广泛的融合性，是一种多元一体的精神思想体系。宗天信仰并不从根本上排斥多民族精神信仰，反而视之为宗天神学之下的多元表现形式。多民族精神信仰只有在宗天精神模式下才能实现统一，这种统一并不影响各民族丰富多彩的传统习俗和信仰方式。丰富多彩的民族信仰，以宗天信仰为核心，包括了诸如儒释道系统、民间信仰和各民族信仰，甚至包括了外来信仰。

民族精神是融合性的民族传统，其最核心内涵保存在民族的宗教信仰和思想文化中，表现在民族价值观念与价值追求中，体现在民族生活习俗之中。中国人至今在民族问题上仍然表现出宽容善良包融精神，也是由于传统文化思想观念根深蒂固的影响。

③宗天精神下的宗法天下观念。

东西方历史文化的根本不同之处在于宗天信仰与宗教信仰。

传统文化宗天信仰之下，形成的是天下宗法观念，而不是国家民族观念。泱泱大国，以天下为家国，天下是君权神授的天子王土，天下的人们都是天子之民，从而成为实际上的一个种族民族，天下家国就成了宗法社会，所以不必论血缘，只需论宗法；即便是异邦、异种、异族，也以天朝远民视之，实行宗法自治。中国传统文化唯有天下观念、宗法观念，而西方传统文化中，则只有民族国家观念。

④传统民族精神的主要内容。

中华民族的融合性民族性质，决定了其多元一体的民族性格和天下为一的民族精神。中华民族的民族精神，既突出了自身的民族特性，又兼具世界各民族的一般特点，因此是人类文明发展历程中的重要精神文化创造，体现着中国东方文化的智慧特征。

民族精神是一个民族最突出的内涵形象，与民族的历史文化血脉相连，是民族精神信仰和思想文化最本质特征，是民族赖以实现自我意识、自我认同、自我归属并维系生存、发展的一脉相承的精神特征或核心思想。民族精神是民族的核心和灵魂，代表着民族的精神气质、意志品质、理想追求，集中体现了一个民族生命力、创造力和凝聚力，深深蕴藏在民族的宗教哲学、文化艺术、科技创造和生活习俗等各个方面，并体现在民族成员的行为、思维、情感和审美方式中。

中华民族的传统民族精神，核心内容就是举世无双的天下精神，后来与时俱进地被称为爱国主义，因此，中国人的爱国主义之所以能够成为民族精神的核心内容，是有独特内涵的。

天下精神作为中国传统民族精神的突出特征是，以宗天信仰为灵魂，具有天地精神、天下理想；以天下观念为核心，具有博大包融、厚德载物的特性；以天下家国为根本，具有向心凝聚、多元一体的价值追求。

中国传统文化虽然以农耕为本建立，但从来不以狭隘民族主义观察世界和处理问题，也非单一民族利益与局限性，而是融合民族的思想作为。农耕文化的核心思想是宗天精神的自然天道哲学，视天地、天人，一体合一，普天之下统一观之，并天地分野、天人对应，形成天上与天下、中心与周边、中央与八荒的关系，而不受种族、民族、风俗和地域限制。这种天道哲学和文化思想是民族融合的基础，也是传统政治思想的核心。因而，只有在融合民族为主体的国家环境下，才能形成融合性文化思想传统，才有中央王国的文化思想意识，才有各民族融合统一的中国。

传统民族精神的天下观念，自古就倡导 的“普天之下，莫非王土，率土之滨，莫非王臣”就是以华夏神州为中心，普天之下，四海之滨，不论种属，不分强弱，不计化外化内，即我臣属，皆比同胞。因为是天下家国、大宗小宗，就没有种族血缘之分；因为都是天下子民，就必然讲求种族民族间的平等性、包融性，而不是那种总认为自身具有优越性的种族民族观念所强调的纯洁性、排他性。正所谓天育神州，皆我所佑，泱泱华夏，煌煌天朝，神州大地，阳光普照，恩泽四方，博大包融，这种厚德载物、接纳百川、容纳众星的海天宇宙情怀和握乾坤于掌中的气魄，能消化融合一切外来文明与文化。

以天下精神为民族精神，追求的是天地长久的崇高价值目标，从而造就了持久永恒的传统民族价值观。天子天朝，有容乃大，可大可久，悠久成物；天下之中，唯我独尊，博雅如斯，长治久安。因为要追求天长地久、千秋万代，所以要有天地情怀、天下理想和共性精神及忧患意识，要内敛凝聚、内圣外王、忠君爱国、寡欲长生，魂牵梦萦于实现并维护天人合一、神州一统。追求天地一体、天人合一、天长地久的向心凝聚、花团锦簇的民族精神是中华民族无穷力量之源。

⑤民族精神与民族传统文化。

民族精神是一个民族的真正灵魂，也是一个民族最鲜明的特征所在。民族精神蕴藏在民族文化之中，民族的文化认同，形成民族价值观共识，民族的精神思想文化传统铸造了民族自身。

民族文化是民族的根——中华民族能够形成一个统一的民族共同体，依靠的不是各民族单一的文化，而是依靠包融性的主体核心文化，虽然源于宗天信仰，但并不以宗教立国，而是以古老悠久、一脉相承的民族文化展示民族之魂、体现着民族精神。中华民族五千年来的历史，不论是统一还是分裂，民族文化传统由古至今从未间断、经久不衰，并且还不断地从各民族文化、政治、宗教、思想、哲学等诸多方面为文明核心源源不断地提供多样化的养分，以保持中国文明的生命力。中国传统文化的独特性使得民族精神贯穿于文化生活始终，并渗透入每个中国人的骨髓。

⑥近代中华民族的民族精神。

如同中华民族概念的形成一样，中国人的民族精神也是近代西学东渐时产生的概念。正是在东西方文明的大碰撞中，才日益突显出诸多疑问：中华民族精神是什么？优越性何在？是否要被西方的精神思想所同化？鸦片战争以来，中华民族不堪民族耻辱，更不甘亡国灭种，因而前赴后继，浴血奋战，终于驱逐了侵略者，争取了民族解放，建立起了屹立世界民族之林的崭新国家，这是以事实回答了上述疑问。但仅仅如此还远远不够，因为，我们还必须要揭示出传统民族精神的源头、原理和真谛，以回答人类文明发展所赋予中华民族的历史使命课题。

中华民族悠久的文明发展历史，决定了中华民族精神的根本特征和阶段性特点，五千年始终如一的多元一体就是中华民族性格特征。中华民族精神是中华民族特有的民族品格、道德观念和价值准则的总和，是中华民族性格的最本质、最集中的体现，是中华民族悠久历史发展过程的文化积淀。构建新的民族精神、塑造民族之魂，是新时代的使命，也必然要在上述传统中进行。

近代由国家民族意识觉醒而引致的救亡图存，将天下精神变身为挽救民族危亡、振兴中华的爱国主义精神。空前未有的民族与国家意识，同传统民族精神的结合，诞生了与时俱进的创新精神，在传统民族精神的宗旨下，创造了体现历史阶段性特点的崭新面貌的民族精神。近代取得的最难得的成就，就是“中华民族”第一次成为民族的共识和名字，国家开始有了共和国的目标，科学与民主成为最明确的价值追求。

近代中华民族的民族精神，内容虽然更为明确，但在名词与口号之后，并没有真正树立起民族信仰，也没有真正创建起新民族文化，根本上是因为仍然没有找到并揭示其真正民族之魂，所以还远远不能上升到指导人类文明发展的高度和地位，一切都有待于新时代中华民族精神最深层内涵的创建再现与重新确立。

⑦民族劣根性问题。

由于人类的天生弱点所决定，世界上任何一个民族，都免不了存在自己与崇高民族精神不相融的劣根性问题，它构成了民族性格的不同侧面，对此不必讳莫如深，而唯有充分认识和扼制这些劣根性，才能使民族优良传统真正得到继承发扬并发展创新。

概括起来看，民族劣根性包括以下几个主要方面：

一是精神信仰思想容易丧失。中国传统文化不以宗教立国，而以思想见长，所以在神圣性精神需求上看似无神却有神，但表面上却成了寂寞的神殿，现实中又是皇权至上、强者为尊的社会，如果不建立宗天神学理论教义，而是仍然以传统文化代替甚至取代精神信仰，容易造成思想文化的混乱，特别是在东西方文化交流碰撞之际，在西方宗教神学的冲击下，相当一部分国人容易迷失精神方向。二是国家民族意识容易迷失。源远流长的宗法天下意识而非国家民族意识，容易

导致与博大、包融和统一相背离的狭隘、内耗与分裂。从而使得社会中人，容易习惯于做稳了奴隶的地位，每到涉及国家民族重大抉择之时，会假洋鬼子、汉奸理论频现，甚至卖国求荣、丧权辱国、苟且偷生。三是草民意识容易形成习惯。自然观念、自给自足的农业文明思想根深蒂固，强调勤劳诚恳、朴实无华，并且固守农耕文化，容易漠视、淡化、改变创新的妄想，扼杀创造精神，阻碍科技发展。旧有的臣民意识，总害怕没有天朝管，并且非逼至极端而不会物极必反，主人翁精神需要培养和激发。四是龙、虫意识容易颠倒。实现天下精神就是龙，反之则成了虫。因而，乾坤颠倒、风水轮转，既可以是人中龙凤，天星下凡，也可以是地上虫蛇、野土草芥；既可以和气、宽厚、共性集体，也会窝里斗、一盘散沙；既有超强的民族优越感，百折不挠或者不断抗争，又可能惧外、排外、仇外、媚外等不一而足。五是个性意识容易沉沦。天下精神强调共性意识，宗法观念强调血缘和人情关系，都不提倡个性意识、独立意识，由此人情大国个性沦落，鱼龙混杂，参差不齐，容易成为“丑陋的中国人”……

值得注意的是，民族劣根性在各个历史阶段都有其不同的表现，时时刻刻都在产生影响，特别是在适宜的大小气候下，会在不同程度上对民族国家造成严重危害。

⑧新时代民族精神主题。

近代以来，中华民族面临着民族振兴与发展的三大历史使命，即，从天下家国观念到国家民族观念的转变，从农业文明向工业文明的转变，从宗天精神向神往科学规律的转变。如今，这三大历史使命已经处于基本完成过程中，特别是中华民族的民族精神主题，已经被赋予了崭新内涵，具有了全新的意义与追求。

可以相信，通过上述这些巨大的历史转型，最终将会实现中华民族的伟大复兴，从而使得东方思维模式的中国文化，以崭新的价值观念走向世界，并对人类文明的发展作出较大的贡献。

卷四 思想文化

——中国人的精神追求

人类精神文明的源泉，是对自然与自身的神话思维和宗教思维，人类最早的精神生活、文明模式，都是从原始宗教开始形成的。宗教信仰由原始宗教发展成为宗教神学的过程，是一个从非理性到理性或从无意识到有意识制约人类精神思想的过程，本质上是人类文明的真理追求体系的形成过程。人神关系的历史是人类文化发展的主题，因为神本主义和人本主义相互影响、此消彼长并绵延发展，才构成了人类文明的历史。东西方文化源同流异，正是由于对人神关系的理解与解释方式的不同，才形成了文明发展的多样性。文化的差异本质上是人神关系解释方式的差异。人类最初创造了神话解释自身与自然关系的宗教神学体系，而当人类认识到这一体系实际上只是被神化的自然与自身之后，宗教就开始与哲学分离。与宗教神学相比，东方文化宗天神学的人神关系真理追求体系，更容易将人类神圣性精神需求转向对自然规律的神往。

第9编 东方哲思——中国人的精神源泉

中华民族是与天结缘的民族。从原始宗教的神灵之天，到绝地天通后的君权之天，再到宗天神学的天命之天，以及礼教秩序的道德之天，诸多的宗天崇拜形式都源于农耕文明的自然之天，而正是这纷繁复杂又简单归一的数重天，才足以形成神与圣的结合，从而成就了神圣中华。从此，中国传统文化无不打上深刻的宗天信仰烙印，产生了极其深远的影响。神秘莫测的宗天思想，博大精深的天道哲学，天人合一的宗天神学，天地分野的政治架构，天国天堂的社会理想，天朝历代的一脉相承，共同孕育了一个古老悠久文明的国度。唯其如此，才能产生东方思维模式宗天文化，才能产生世俗化儒教道教，才能化解佛教等外来宗教，才能统合民间宗教和各民族众多宗教。东西方文化比较之下，中国传统文化宗天精神思想体系，往往显得卓尔不群，特别是与宗教信仰若即若离。其实，这正是由于中国传统文化较早地扬弃了宗教，消化了神学，凝结成了宗天精神，因此与西

方文化风格迥异，成为人类文化源同流异又殊途同归的两种发展模式之一。

25. 华夏之魂——东方思维模式

人类并不是自然界中唯一会思考的动物，但却是知道自己的终极命运又企图改变命运的高级动物，而为这种改变所做的最早努力，就是从创造人类自己的精神世界开始的——这是人与动物相区别的根本标志。

远古先民对于自己所生存其中的大自然，怀有强烈神秘感、敬畏感和依赖感，他们早期与自然界的沟通方式，就是以神话思维来想象和描绘自然万物和自然现象，以宗教思维来解释人与自然关系，从中创造了充满神灵的自然界，这就是原始宗教。这种纯粹属于人类自己的精神世界，表达了人类自身的神圣性精神需求：既崇拜超人力量的伟大，祈盼获得神明庇佑，又祈盼自身也能实现超越，甚至具有神灵的力量——原始宗教寄托着人们对自身命运的关注和对理想世界的憧憬，其神圣性精神需求的习惯指向就是精神信仰。人类就是凭借这类思考逐步走出动物界的。

中国传统文化具有与人类各古老文明发源地都大致相同的精神文化发展轨迹，同样经历过自然崇拜、图腾崇拜、太阳崇拜等形式的泛神崇拜，同时又演变为鬼神崇拜、祖先崇拜、天地崇拜等宗天信仰，是一个由自然物象到天象，再由天象到抽象的精神世界发展过程，实现了原始宗教以来人神关系由杂糅到合一的转换。独特之处在于，中国传统文化从原始宗教出发，既保持了泛神崇拜传统，又发展出了天地崇拜形式，开创了东方文化典型思维模式，并在经历了精神信仰领域诸多重大历史变革之后，最终形成了天人合一宗天神学体系，建立了中国特色东方文化模式精神王国。

远在三皇五帝之前，中国人的远古祖先，就通过万物有灵的自然崇拜、图腾崇拜和太阳崇拜等原始宗教，开始了自己与神灵建立联系的努力。三皇五帝时代仍属泛神崇拜阶段，自然崇拜、图腾崇拜也都有所发展，并开始向太阳崇拜过渡。在多神的氛围中，人们的一切生存活动都是神圣的，一切大小事物都要归因于神，都要昭示神灵：举行仪式、献上牺牲、敬告神灵、祈求保佑。敬神祭神仪式，既可以部落群体集中统一进行，也可以家家自主随时随地开展，表现出一种民神杂糅的现象。

三皇五帝时期所进行的绝地天通，改变了人神之间的联系方式，建立了皇权垄断的宗天崇拜系统。敬神祭祀仪式成为皇权垄断贵族特权，也成为具有代神言

事和统一精神思想的重大活动，实现了皇权对宗教的垄断。民神分离而君神专通，君或巫成为神的使者或代言人，皇权宗教垄断天帝神意，天学成为皇家禁脔，并且在形式上体制化、系统化、职业化——如创造了巫觋史祝等最早一批知识分子（从事祭祀、兵家、数术、方技等等知识领域，形成了专业性的观天象、制历法、营建筑、与兵机的神职队伍，标志着社会专门知识分工细化程度），成为传统文化思想的传承者和理论体系的创造者，从而推动了王权与神权政教合一的实现，成为君权神授的精神肇始。同时，源于原始宗教泛神崇拜而产生的自然原始神话，因为绝地天通而断绝了来源，神话系统断流，鬼神系统成势，开始走上天地崇拜皇权神圣化道路，从而形成中国文化宗天神学模式。

夏商周三代是原始信仰从太阳崇拜向鬼神崇拜和祖先崇拜过渡时期，陆续奠定了中国传统文化宗天神学信仰和宗法家天下文化基础。精神崇拜与思维抽象相生相长，崇拜内容被赋予更多的神性祈盼，崇拜活动的抽象意义也就远远超越了自然崇拜形象意义。商周时期，鬼神崇拜和祖先崇拜得到了很大发展，原本只有天神地祇活动的天地，增加了祖先鬼神的形象，形成了天神地祇人祖系统，原始宗教开始向抽象化天道观和天命信仰发展，标志着中华文化宗天神学的形成，预示着东方思维模式的诞生——中外文化的根本区别就在于宗天神学和宗教信仰的不同。

中国传统宗教在西周时走向成熟，人神关系实现了从原始宗教向宗天信仰神学和自然天道观哲学思想的演变。天地崇拜的思想成了万物有灵的神圣之源，上天赋予万物之灵，自然中的一切都是天神上帝的恩赐，包括鬼神祖先等等一切神秘的力量都在天上，原本与日月星辰和风雨雷电等诸神并列的天地，抽象上升为至上神，“天”成为了具有最大包融性的抽象崇拜物，既是自然之天，更是神灵之天，成了中国人心中的超自然精神世界。在这一世界中，不但有驾驭宇宙、领袖群伦、主宰万物的人格化的天神上帝，而且还有环绕拱卫的群神，甚至有半神半人的神明等崇拜对象。这就使天与神、神与天子成了统一体，形成了中国文化特有的宗天信仰神圣崇拜系统。“天子祭天地，诸侯祭社稷。”皇权垄断宗天神学和天道哲学理论，以及完善的宗教礼仪体系，渗入到皇权政体和社会生活之中。既神圣又世俗，既听天命也尽人力，君权神授、政教合一，借鬼神之威以声其教，从此就成为了几千年来王朝统治的经典模式。

春秋战国时期的礼崩乐坏，礼乐征伐自诸侯出，虽然并没有从根本上打破人神合一和宗法制模式，却打破了皇权宗教对天命天道的垄断，是中国历史上唯一一次空前绝后的精神思想大解放，集中总结了自三皇五帝到夏商周三代文明成果，发挥了所积累的思想文化潜力，实现了百花齐放、百家争鸣，创造了繁荣的宗教、哲学、伦理、科学、政治、历史、文艺等思想理论和文化形式，创造了世俗宗教哲学模式，奠定了中国传统文化的人文基调。

神权没落也即王权没落。诸子百家学说，作为适应现实社会变革、政治争霸需求的应用之学，究天人之际，明天人之分，倡导听天命尽人力，制天命而用之等等，成为秦汉天人合一和大一统思想的理论基石。与此同时，诸子百家学说都没有真正研究创新宗教神学，而是着重于阐述政治哲学理论和建立道德伦理秩序等世俗化道路，因而没有从根本上动摇皇权宗教的垄断地位。例如，儒家文化主张对周代以来的礼乐文明进行合理化改造，法家文化则顺从王权意志主张极权统治，墨家学派反宗法制批判改良主义，道家学派主张对历史传统进行反思与反叛而不与王权专制主义势力合作。最后，包括儒道阴阳各家学说，都难免沦落为仍然要以皇权崇拜、天命信仰为精神圭臬的世俗宗教，只能与泛神崇拜的民间宗教一起，成为与皇权宗教并行不悖、相辅相成的思想体系。中国传统文化的精神世界，由此演变成以天命天道宗天信仰为核心，以敬天祀地祭祖为主要形式，皇权宗教、世俗宗教、民间宗教三位一体并互补协调的宗教信仰体系。三位一体宗教信仰体系中，皇权宗教是国家制度性宗教，垄断着天神圣意，占据着至高无上的主导地位；皇权宗教天命信仰，就是中国文化的宗天神学——天就是创世者、造物主、主宰者，虽为自然之天，但更是神灵之天。天是人格化、抽象化的神，是按星象天学、易经八卦、阴阳五行等神学原理运行的神秘莫测的天国，天命、天象与天子，天地分野，法天而治，代表着天地人合一，形成了君权神授、政教合一和天人哲学。天人合一就是神圣合一，所以，唯有中国文化才最早创造了神圣崇拜。

由于皇权垄断天命天道，皇天君神一体，神在天上，大道天机，皇权崇拜之下，儒释道和民间宗教都只能以天道神学为宗旨，不得再建立至上神，所以世俗宗教虽有众神却没有至上神，民间宗教就是世俗追求——儒释道因此成为世俗宗教而非神学宗教。由于皇权宗教宗天神学的不可接触，天命信仰的神秘不宣或天机不可泄漏，只可意会不可言传，世俗宗教和民间宗教只能管窥蠡测，听天由命，大众精神影响反而都来自世俗宗教和民间宗教，虽然人们在世俗宗教和民间宗教中仍然找不出真正信仰之神，社会思想影响反而超过皇权宗教。尽管如此，在皇权垄断宗教、世俗宗教和民间宗教的精神信仰体系中，皇权宗教无疑是起支配作用的，由于皇权宗教的神秘主义，天命信仰、天神圣意只能来自皇权，理性表达就是天道哲学。然而，哲学代替不了神学，难免走向政治宗教化，于是，龙凤崇拜往往会成为神秘皇权天命代表形象，具有无与伦比的政治与文化意义。

综合而言，中华民族是与天结缘的民族，天地崇拜、宗天信仰，使中国传统文化既“割断了人与自然共同体的脐带”（马克思），又以抽象具体的天地自然母体为神圣之源，从原始宗教中抽象发展出天人合一宗天神学思想。先秦时期就已经建立了皇权垄断宗教、世俗宗教和民间宗教三位一体宗教思想体系，形成了貌似无神却有神的宗天哲学传统，成为人类文明的东方思维模式，塑造了中华之魂，成就了中国文化的博大精深。

中国传统文化宗天神学中的“天”，包含了太多、太丰富的文化内涵，可以说，身居天下的中国人，把一切理想和希望都寄托于天上。在中国人心中，苍天有眼，是至上之神，是从皇权宗教、世俗宗教到民间宗教都三位一体一以贯之的精神之天。天道有神，予以灵魂；天生万物，予以生命；天德天运，予以秩序；天地自然，予以丰物；天地人伦，乐在其中；天道高远，寄托未来。因而，中国传统文化中的天，是生养万物的自然之天，君权神授神灵之天，天道阴阳的哲学之天，法天而治天子之天，天地文心的文化之天，天国天堂的理想之天。

由于宗天神学的神秘主义总有些人神莫测，中国传统文化专门创造了“神圣”一词以示人神区分。即，有神才有圣，神支配圣，圣由神封，所以，天子是神不为圣，皇帝是神，能封圣，神、圣、人就是天地社会的三大区别，这就是中国传统文化的神圣观念。与此同时，宗天神学以神秘主义天谴禁忌规范约束天子天朝，天子天朝又以之束缚天下臣民邦国。宗天禁忌并不是西方式的原罪、救赎、末日、复活等宗教模式，而是有东方文化自己一套源自宗天神学的惩罚体制。首先是神秘禁忌，其次是天谴示天威，最严重的当然就是遭受人神共怒之后国家社稷绝祀等等。宗天神学是自然与宗教的混合杂糅，因为自然而淡化了宗教，因为宗教而产生了哲学，因为宗天禁忌而阻碍了科学，因为自然经济而重农轻商，从而使历史文化如一年四季，周而复始，改朝换代，循环往复，发展缓慢，落后世界。

数千年来，宗天神学的天人合一思想渗透到中国人的骨髓心田，成为精神支柱，支持着中国人的信仰，操纵着中国人的观念与思维方式，它监控着政治和社会生活，濡染着中国的民风民俗，最终成就了博大精深的中国文化。一般的中国人未必能说出信仰什么神灵，但绝对都会以天地良心为标准评判人间的美丑善恶，或者认可为天命天意、恩德齐天，或者诉之为天理难容、人神共愤等等，这种文化习俗，正是来自于皇权宗教天命信仰根深蒂固的宗天精神意识影响。

中国宗教文化宗天神学的历史，是世界上历史最悠久和最稳定的宗教信仰历史。作为唯一继承人类农业文明并一脉相承发展至今的文明古国，中国文化从原始宗教开始，就在不断的文化历史变革演进过程中，实现了人神关系由“神——人”

到“天——人”的转换，建立起了与西方文化源同流异的东方思维模式，形成了自己独特的天人合一的宗天神学和与之相辅相成的哲学理论，深刻影响了中华民族数千年思想文化整体风貌的形成，也影响了周边国家的历史与文化。

中国宗天神学的宗教影响主要在其周边的藩邦属国，但这些曾经的附属国，只能在宗天神学的最高层级之下进行宗天崇拜活动，而不能有天朝天子的等级内容。如在朝鲜半岛只能流行世俗宗教和民间宗教，所以韩国是至今保留中国世俗文化最多的国家，还以此作为源出国的依据，殊不知其仍然是失去神灵的世俗宗教。日本有些不同，它既是学生又是孤岛独立王国，应该说是全盘继承了皇权宗教、世俗宗教与民间宗教，所以日本有天照大神，有天皇，有太阳神，并因此成为日出之国，同时又有多种形式的世俗宗教，以至于早就脱亚入欧的日本，至今还在理顺其与东方文化的关系。另外就是东南亚曾经的边藩国，天朝皇权遥远，佛教影响较近，又由于中国化佛教而有所影响，不能大乘，只能小乘。佛教之外的影响为后起之事。

26. 天人合一——宗天思想体系

人类从其诞生之时起，就要面对并解答人与自然、人与社会、人与自身这三大基本问题，原始宗教率先以自然崇拜、图腾崇拜等神话思维方式进行了解释，在其基础上产生了宗教思维和哲学思维——神化解释的就是宗教，理性化解释的就是哲学。宗教思维是以神学精神将各大基本问题神化和系统化，而哲学思维则是理性化、系统化地回答了所有问题。因此可以说，原始宗教是人类思想文化之母，宗教神学和理性哲学则是民族思想的灵魂。

中国传统文化哲学思想，从原始宗教中孕育诞生，在人神关系由分离杂糅到垄断合一的历程中发展起来，早在夏商周三代就形成了天道之学，并开始通过理性思辨和逻辑表达综合自己所创造的精神文化成果——如《易经》的出现，就标志着中国特色东方思维模式思想理论体系的形成。春秋战国百家争鸣、百花齐放，创造了星光灿烂的先秦诸子之学，是传统文化最繁荣时期，建立了文化思想学说体系，奠定了中国文化理论基础。两汉罢黜百家、独尊儒术，将天命信仰和天道哲学，集成为天人合一宗教神学和经院哲学，从此成为久居统治地位的传统文化核心思想。汉代以后，包括魏晋清风吹扇的玄学、隋唐缘起性空的佛学、宋明修心养气的理学和清代注重考据的朴学，虽然都号称要“为天地立心，为生民立命，为往圣继绝学，为万世开太平”（宋代学者张载《横渠语录》），实际上都是在

传统文化思想一脉相承基础上的改良和革新，而没有真正实现超越。中国传统文化在两千多年的历史长河中得以绵延不断、持续发展。至近代西学东渐，迎来了全新的空前大变革与转型时期，近代新学与现代科学一起，推动着中国传统文化走向现代化，实现着东西方文化的交流与融合。

综合而言，远在先秦时期，中国传统文化就已经创造了中国式宗教信仰模式、哲学思维模式、社会理想模式和民族精神模式，充分展现了传统文化独具特色的神话思维、宗教思维、哲学思维、政治思维、民族思维等等，形成了别具一格的人类文化东方思维模式和思想体系，影响了诸如宗教哲学、政治法律、道德伦理、科学教育、文学艺术，甚至种族民族思想等人文各领域的建立与发展。归纳起来，中国传统文化独具特色的真理追求体系，主要包括天人合一哲学思想模式、天上人间社会理想模式、天下一家民族形成模式。其中，天人合一哲学思想模式，是对中国传统文化总体思维模式的本质概括。

中国传统文化思维模式和理论体系的核心部分，是中国古代哲学思想，它集中体现了中华民族的丰富智慧和理性思维所达到的高度，创造了诸多中国特色的文化思想。例如，《易经》成为最早的博大精深的哲学著作，源远流长，早在夏商周三代，从《连山》、《归藏》到《易经》，孕育产生了一千多年，既是古代文明的总结与概括，也是古代贤哲智慧的集中表现，开创、建立、发展了一系列哲学理念模式，如整体宇宙观本体论哲学模式，阴阳交替、对立统一思辨模式，以天道喻人道的天人合一思维模式，揭示了生生不息、变易永恒的自然与社会发展规律，创造了取象比类、观念浓缩的哲学方法论等（其逻辑思维和辩证方法至今还未得到真正科学化），成为数千年传统文化发展的思想源泉和理论基础，对中华民族文化发展产生了深远影响。

《易经》是中国哲学的总结，也是中国哲学理论的出发点。因为它最早创造了整体宇宙本体论模式。“易”，是日月的合体字，易之运行，就是日月运行，一阴一阳之谓道。太极生两仪、两仪生四象、四象生八卦就是天地宇宙生成的过程，这就是天地宇宙本体论。《易经》之产生，广大悉备，以卦象爻辞包罗了天地人的万物之象，宇宙间天道规律就是阴阳运行，昼夜相衔，阴阳交替，刚柔代御，变化不停和化生万物，各自变化又确保太和，追求天地人整体运动的最佳状态。这一思维模式，透彻地说明了宇宙运动模式和天地人运动原理，是一种天人合一的整体思维。

《易经》最早阐述了阴阳交替、对立统一的思辨模式。“易”有三义：变易、不易、简易。易长于变，上下无常，变动不居，“易穷则变，变则通，通则久”，

变易是《易经》精微灵魂和深邃奥秘所在。“易”的本义就是在变动不居的世界中寻找不易之则。日月运行，刚柔相摩，八卦相荡，自然之道。刚与柔，天与地，乾与坤，日与月，寒与暑，男与女等等，相互依存，相辅相成，对立统一。同时，日中则昃，日盈则食，天地盈虚，物极必反，这就是一系列对立统一观念下的辩证思维。

《易经》开始建立了天人合一哲学思维模式。生生之谓易，生生不息原理，既是宇宙天地意义之所在，也是万事万物变化之根本，不仅是宇宙天地之大道，也是宇宙天地之大德，“天行健，君子以自强不息；地势坤，君子以厚德载物。”“夫大人者，与天地合其德，与日月合其明，与四时合其序，与鬼神合其吉凶。”（《易传文言》）以天道观解释天地自然规律，认为天地日月四时万物，无不处于运动变化之中，将宇宙天地自然变化视为社会及人生变化的基础，从而把人与自然关系推及到天人关系、天人学说、人生哲学、社会伦理道德等等，辩证逻辑思维与生生不息宇宙观本体论，体现了天人合一的思想境界，开启了天人合一的理论基础，奠定了传统文化哲学思想模式。这种在宗天神学基础上的以天道喻人道的思维方式，天地人一体，天人之际，合而为一，使得中国人更加注重以人与自然关系为研究中心和思考的逻辑起点，促成了中国传统文化的人生哲学主题。古人正是根据天道之阴阳、地道之柔刚的和谐有序的变化引申出人道的仁义。有仁义才能生存，才能正常运行，天地人一体，就是为了追求天长地久。

中国传统文化中最早的哲学思维和逻辑学理论，是从《易经》开始的。在《易经》中已经综合运用了概念思维和逻辑表达，采用了取象比类、观念浓缩、由宏观入微观、先共性后个性的哲学方法论，以简单概念、精炼语言、生动形象和演绎推理，创造了形象化的概念体系和辩证思维的逻辑。如，用一长画示阳，两短画示阴，并试图用这两个以宏观概括微观同时具有对立性质的符号以及它们的排列组合来解释世界，既有演绎推理、逻辑归纳，更多取象比类、归纳比较、精简联想、推己及人等等思维方式，把神秘（甚至在一些人眼中属于迷信）的占卜之术哲理化、理论化，从而包括了传统文化宗教与哲学的全部内容，形成了中国传统文化哲学思想学说体系，对中国哲学与文化，特别是人们的思维方式产生了巨大的影响。将天地人的变迁分类观念浓缩于卦象，作为一种体现人的思想认识的文明的符号体系，这在中外文化发展史上也是独树一帜的——西方神学靠的是经书与经义而不是方式与方法。

《易经》是当之无愧的中国传统文化集大成之作。它不但是最早的宗教神学和古老哲学理论著作，也是最能代表皇权宗教与哲学思想的文化巨著，而且还以

其包罗万象、博大精深和理论化系统化的思想内容成为中国传统文化的源头活水、精神统领、思想之母，影响了数千年中国文化发展和整体风貌的形成，贡献极其深远巨大（其逻辑思维、辩证方法在现代若得不到科学化研究与应用是最大的遗憾）。

中国传统文化中，由于皇权垄断宗天神学的至高无上地位和神秘主义，除皇家君臣之外，普通阶层难以窥视天机，《易经》属皇权哲学思想博大精深的代表著作，其广泛影响也只有在春秋战国产生世俗哲学之后才能开始。换言之，春秋战国时期的礼崩乐坏，使得世俗阶层有机会得以研究代表着皇权哲学思想宗旨的《易经》，自春秋起，传统宇宙观辩证法和逻辑思维才走出了皇权垄断，而得到了大讨论、大研究、大发展，中国哲学由此进入了一致百虑、殊途同归的时代。

正是由于对《易经》的研究和对百业的总结，才产生了百花齐放、百家争鸣，成就了传统文化的一次思想解放历史大潮，对夏商周以来的政治制度、伦理、文学艺术、历史、哲学、宗教、科学等文明成果进行了全面总结与评价。学在官府的学术与文化，开始走向社会——儒家、道家、墨家、法家、名家、阴阳家，都分别从不同的角度对《易经》进行了分析阐述，是对《易经》思想的全面分析与拓展，引领百科理论有所建树，形成了众多学科学说理论，开创了世俗哲学体系，攀上了一个史无前例并空前绝后的学术高峰。虽然最终结果仍然是百家归一，周礼文化不战而胜，人神合一和宗法制模式得到巩固，但毕竟集中释放了自三皇五帝到夏商周三代所积累的思想文化潜力，诸子百家的文化与科技贡献融为一体，使中国古代思想传统向博大精深发展。

百家争鸣是中国上古文明或传统文化迄春秋战国止的一次集大成和飞跃性的丰富与发展，百科知识与思想都形成清晰的发展脉络，得到了理论化、系统化。特别是世俗哲学，终于能够在皇权哲学神秘主义的背景下，代之而起，成为起支撑作用的社会主流精神思想，在其推动下才最终确立了天人合一的哲学思想体系。百家争鸣作为历史上传统文化唯一一次思想解放运动，史无前例、空前绝后，而作为传统文化发展的历史阶段，承前启后、继往开来。百家之中，《易经》、《老子》是中国天人学与哲学之源；《尚书》、《左传》、《国语》、《战国策》是中国政治学之源；《孙子》、《孙膑兵法》是中国兵学之源；《周礼》、《仪礼》、《礼记》三礼是中国制度之源；《黄帝内经》是中国医学之源；《诗经》、《楚辞》则一向被认为是中国文学之源。不能透彻明晰地解读这些经典，就难以正确认识中国传统文化。

中国传统文化在先秦时期，思想得到全面发展，核心思想得到根本完善，完成了思想文化理论体系建设，成为影响秦汉以后几千年历史文化发展的悠久文化

模式。正是由于诸子百家学说理论光辉灿烂思想的影响，中国古代才能在许多领域都创造出自己的文明成果，其在世界文明上的地位可与古希腊、古罗马文化相媲美。据称，世界文化史上有三个最著名的思想家或导师，即苏格拉底、耶稣和孔子，而这三个人的难得相同之处是均无著述，所传书著均为其弟子后人所编。《老子》、《周易》、《孙子兵法》是世界上流传最广的三本中国古代书籍。

中国文化思想精神核心就是依据宗天神学所阐述的天人合一思想，即，将天地自然物性规律当做天地人生存运动规律，予以哲理化，形成以天道喻人道的天理哲学。这一哲学思想体系，将宇宙自然人生（天地人）看做一个有机联系的整体或体系，用合而为一的统一观念，看待天地、天人关系，即所谓的天道合一、天地一体，天地分野，天人对应、天人一体，天道运行规律就是人间的运动规律。“天”就是“自然”的代表，是人们敬畏、侍奉的对象，可以与人发生感应关系，赋予人以吉凶祸福；主宰王朝命运，赋予人仁义礼智本性。所以要追求天人一致——宇宙自然是大宇宙大天地，人则是小宇宙小天地；以天地万物为一体者，就会视天下犹一家，视中国犹一人，而不能再在这天下一体之中硬要分出你我他，因此要有仁人之心、王道之心，否则就是小人心态；实现由小我到大我的转变，就是与宇宙天地大生命融合为一体，天人合一的境界就是天地境界，就是中国文化的神圣境界。同时也要追求天人相应或天人相通——天与自然相通，人和自然在本质上也是相通的，所以要想人与自然和谐，人事规律就要顺乎自然规律。“人法地，地法天，天法道，道法自然。”天人合一，与天一致，天人之际，合而为一。由此，天上信仰、天下理想，成为中国传统文化精神思想的本质所在。

宗天神学天人合一思想下，催生出了相应的哲学思想，中国人的天下观念也影响了民族观念，天下理想成为追求目标，形成了中国传统文化理论体系。宗天精神使得中国人的思维方式总是一种天地人的由宏观入微观或由大到小或先共性后个性的方式，这种顺序也使得中国文化特别强调大局观，总是把整体放在首位。宗天神学以积极乐观刚健有为的精神追求和人生哲学态度为主基调，同时由于天命靡常、天道莫测，也建立了一整套防御滥用天意天德天理的天谴体制，以免天理难容，天怒人怨……

秦汉以后，特别是两汉时期罢黜百家独尊儒术，儒家伦理文化逐步上升为统治地位主导意识形态文化。天人合一既是宗教神学，也是天道哲学，由于儒家文化综合了天人合一思想，所以，传统文化往往被简单地称为儒家文化。在近现代认为儒家伦理文化是中国传统文化的主要特征，是与基督教文化、伊斯兰教文化并列的世界三大文化形态之一。而实际上，中国传统文化虽然具有儒家伦理文化特征，但并不仅仅是儒家文化所能概括，还有其更加深厚博大的内涵和外延。

儒家伦理文化本来是调整伦理秩序的道德哲学，把礼教当做精神信仰，实际上是因为皇权宗教的没落，因为，当儒家遗产变成皇家气派的孔庙和祭祖祠堂之时，渗透中国人骨髓的就成了礼教秩序而不是皇权垄断的天命信仰了。将中国传统文化精神思想简单地概括为儒家伦理或道德礼教，这是将自己民族的精神信仰降低为伦理观念，既不符合历史实际，更不符合精神信仰实质内涵。实际上，当中国人把儒家礼教当做精神信仰之时，他所信仰的恰恰不是礼教，而是礼教背后的更为深邃的天地崇拜和天命信仰——儒家文化真正地位的形成，追根溯源，是周代把中国思想儒学化（礼仪制度），春秋战国把儒学思想儒家化（仁爱忠恕），汉代把儒家思想神学化（天人合一），宋代把神学儒家儒教化（三纲八目），至明清，儒教化愈演愈烈，儒家伦理文化终致力于成为传统文化核心，而儒家伦理文化在发展中也存在难以解决的问题。如，宗教之路走不通（“六合之外，存而不论。”世俗宗教地位，礼教形式，代替不了精神信仰）；简单空洞缺少内涵（仅仅是虚妄道德哲学，只讲仁义道德和礼教秩序，不讲哲学科学和其他文化）；具有人生哲学特点但更侧重政治文化作用（“内圣外王，成己成物 。”人际关系学），只会成为封建专制和腐朽落后的文化根源，与现代思想文化格格不入。

中国是世界上屈指可数的文明古国之一，其古老悠久的文化传统是人类农业文明几千年绵延不断、一脉相承的发展结果，也只有作为人类农业文明唯一最忠诚的继承者，才会将农耕文化创造得如此光辉灿烂，将重农精神发挥得如此淋漓尽致，因而，中国传统文化是典型的东方思维模式所形成的东方文化体系。这种由宗天神学形成的宗天哲学，更适宜向自然规律和科学理论靠拢，只需要将以天道喻人道的天道之理，改变成追求科学自然规律和社会规律的真理。

27. 三教一体——世俗精神系统

中国传统文化的精神世界，是宗天神学思想下的天人合一的精神王国，显著性结构形式就是皇权宗教、世俗宗教、民间宗教的三位一体并互补协调，在这一宗教信仰体系中，皇权宗教是神学垄断核心，君权神授、政教合一，是自成体系的制度性宗教。世俗宗教主要是儒释道，三教一体，互为补充，属于皇权宗教精神思想影响下的从属性宗教。民间宗教则是自然沿袭的泛神崇拜风俗，是受皇权宗教和世俗宗教双重影响下的附属性宗教。三位一体的三种宗教结构形式虽然都具有一定的精神寄托和心灵慰藉意义，但只有皇权宗教宗天神学在起根本作用，

世俗宗教则起哲学作用，民间宗教更倾向于功利作用。

失去神灵意义的世俗宗教，并非只是寂寞神殿中的偶像崇拜和窃窃私语，在三位一体宗教体系中，儒释道三教实际上处于天子之下再代言地位，在领悟宗天神学中天神上帝神秘意旨的同时，也有各自的精神追求和哲学理论建树，一定程度上，甚至成为社会精神思想文化的世俗之源——世俗宗教是传统文化真理追求体系的现实系统。

儒释道三教，以儒为先。最早的“儒”，“柔也，术士之称，从人，需声”（《说文解字》），只是周代形成的一种专门从事普通祭祀和丧葬礼仪等的社会职业，是夏商周三代的祭神崇鬼和敬天祭祖社会文化传统的反映。春秋战国时的儒家，则是继承敬天祭祖思想和礼仪制度阐述礼教思想的儒家学派。儒家和道家都是以《易经》为思想源头。道家悟道（女祖崇拜），主阴贵柔——大道渊薮，万物宗象，渐次而生，天地之始。儒家敬祖（男祖崇拜），孝悌为大，移家为国。因此说，儒道互补，阴阳一体（二元一体）。儒道两家都是在对易经阴阳思想的分别解说与发挥过程中建立了自己的学说理论体系。

儒家思想的核心是“礼、仁、天”。礼是儒家来源，儒家之礼，源自夏商周三代，而主体是周礼制度；仁是礼的本质内涵，能产生礼的仁是天德，表现为仁义礼智信；天即天命天道，是天德之仁的来源，也是儒家的宗教神学。儒家学说思想体系，以“礼、仁、天”为核心，追求尽善尽美的理想社会与人生理想境界。诸如像文质彬彬的礼教社会，“富贵不能淫，贫贱不能移，威武不能屈”的正人君子，内圣外王的理想人格，小康与大同的理想王国等等道德理想追求，既能满足个人理想抱负愿望，也能满足国家社会理想思想精神需求。“为天地立心，为生民立命，为往圣继绝学，为万世开太平。”（宋代张载的《横渠语录》）表现了儒者的宏大抱负，一直被人们传颂不绝。

以天道仁义而求礼教秩序的儒家思想，是规范宗法社会伦理道德秩序的理论，同时提供了统治者治邦安天下的学说。儒家兴学的本义，就是恢复三代一脉相承大一统思想特别是周朝的制度，认为礼教制度就是一统天下的治驭之术。重现世就必然重政治，而不是如道家的重哲学。因此，儒家之学不为乱世所用而只能为治世所用。治世必用儒家学说，因之在诸子百家中唯一具有全面维护巩固宗法制度的作用。只要是处于治世，就有儒家思想学说在起主导作用。“半部《论语》治天下”，深刻说明了其思想学说的基本特点。儒家思想并不为乱世所用，因为乱世无秩序，若在乱世还侈谈礼教秩序，只能是自取灭亡。

儒家变成儒教，是以宗天神学的天道之理建立规范礼教秩序的伦理文化，是承接皇权宗教的道德之天，建立人间的天德礼制，仁义道德就是承载着天经地义的道德秩序，以道德哲学规范人的思想与行为，并把之当做天经地义的宗教信条与教义，形成制度化、法制化的社会秩序，具备着宗教的一切特征与功能。因此儒教不仅仅是世俗宗教，而且地位还在道教与佛教之上。

由于皇权宗教宗天神学神秘莫测，民众莫之能及，而儒教真正起着维护皇家天下伦理道德秩序作用，既是礼教秩序的伦理教义，也是一种政治教义，是与政治思想相配合的精神意识，皇权宗教和儒教共同形成了典型的政教合一的传统和特点。儒教伦理文化虽然并不属于自然真理和宗教真理，却将天命鬼神之道和自然宇宙之理都与人伦道德联系起来，以人伦道德作为哲学追求目标，达到人伦道德与天道自然的天人合一，成为社会人生哲学，一定程度上代替了宗教神学，在相当长历史阶段成为社会精神思想支柱，是国家统一的精神思想动力，是民族精神思想的重要源泉，因而成为据正统地位并统治几千年的国学文化。这是其对中国传统文化的最大贡献。然而，尽管儒家学说曾经是中国传统文化的核心思想，儒教也曾建立规范社会伦理道德秩序并影响深远的礼教制度，但中国人的根底在道教。

儒家变成儒教，因为表现的是皇权宗教所尊奉的天道天德，是按照天仁塑造人仁，按照天伦规范人伦秩序的礼教，是神圣的世俗宗教。道家变成道教，则是因为全面继承了皇权宗教的天道天国和天堂理想，并将天上人间联系起来，表现的是人间对天上仙境的追求，是世俗的神仙宗教。宗天神学的天人合一思想本来就是天人感应、天地相通的心领神会之学。道家“万物与我为一”的精神境界，就是以天为自然，人生自然之中，因而，道教憧憬天界，向往彼岸——得道飞仙的目的，就是崇拜神仙鬼神，向往天堂圣境，要往升琼楼玉宇、仙山琼阁，人间天堂，达至延年益寿、长生极乐。如此说来，儒教与道教虽然都不是神学宗教，却分别承担着皇权宗教宗天神学的天命信仰和天道哲学的不同责任，以天上人间和人间天上的不同的文化思想方式传达着天地崇拜宗教精神。

道本儒末。道教源于道学，也继承了道家精神——主阴贵柔的天道自然哲学。道教追溯的是原始宗教自然崇拜意识，敬仰的是日月齐天、维神维仙；吸收百家之长，建立道论体系，集中国传统思想之大成，描绘了中国传统文化宗教精神和思想信仰的理想境界。道教涉猎广泛，承袭了神灵系统的鬼神思想，直接吸收天人合一的宗天神学和谶纬神学，并成为其重要渊源。道教中包括了先秦从原始宗教以来的多神崇拜巫术意识，也包含了秦汉前后诸多宗教遗风，是保留中国传统文化内容最多的宗教。道教之所以能集中国传统文化之大成，根本上是因为条条大道都能通向道教理想，都能够得道成仙，天堂极乐。而道教之所以信众广泛，也正是因为其符合中国传统文化自由自在功利实用精神追求习俗。与此同时，正因为道教有精神信仰、有文化理想、有人生追求（加之有严密庞大的组织和广泛稳固的信众等社会基础），包括了世界观、人生观、价值观的全部内容，所以才能成为中国传统的精神旗帜、文化旗帜，同时也可以是政治旗帜——道教之所以没有成为中国人的国教，根本上是因为它是宗天神学的溯源而不是发展，即，仅仅是回到了大河文明时期非理性思维的原始宗教宗天模式的起源，而不是进一步抽象化、理论化的逻辑思维。东西方文化都曾有过巫史文化传统，只不过，道教的典型特征在于，道家学说描绘的农业社会的精神理想追求，经过道教的形象渲染和抽象发挥，得到了淋漓尽致的展现。道教的仙界琼阁和长生极乐追求，是农业文明和农耕文化所能达到的最高境界或文化巅峰状态，中国人最早并始终将之作为人生境界缥缈虚幻的至胜美景，忘我投入。得道成仙，长生极乐，告诉了人生最大的追求是什么，如何实现，实现后的情景是怎么样的。世界上还没有一种宗教学说能将人生前景描绘得这样具体可见而又现实可行，这就是中国传统文化的人生哲学特征：中国人向往的今世与来世，是其在现世就可以脱离苦难，追求长生极乐，加之出世入世随意、宗教世俗结合的自由宗教方式，既可游方之外也可游方之内，民众何乐而不为呢。

儒道互补，阴阳一体（二元一体）。儒道都是对《易经》阴阳思想的分别解说与发挥。儒教有神圣，道教有神仙，并且神学思想系统化，是中国模式宗教思想的特点。道教的多神与自由，正体现了皇权宗教天地崇拜的天下精神，是世俗宗教的必然表现。儒家讲长治久安、千秋大业，道家讲得道成仙、长生极乐，都具有天长地久的追求，这也是天命信仰天道哲学所致。儒教人鬼分明，道教阴阳两界，都创造了中国本土宗教的天界鬼神与阴间地府概念。儒是人生哲学，道是仙人生涯；儒为人伦道德，道为自然天道。儒道都在实现着天人合一的理想追求。道教所提倡的仙风道骨、凛然正气，与儒家所提倡的君子之风、浩然正气，共同组成了中国人的民族气节和人格骨气。因此，传统上儒道双修，也是中国传统文化人生境界高尚追求。

与儒释两家相比，道教是多神崇拜泛神论的世俗宗教，不但神道玄远，而且重视自然真理，有得道成仙之术。集古今之经而交通鬼神，采百家之丹而修炼方术——宗教信仰的追求并不是真理的探索，因而神仙追求的梦想形成神学理论上的无奈，只能走向虚幻，最终，失去真理的信仰追求，飞仙梦想的锤炼，变成炼丹制药的实践，虽然没有形成科学理论，却有意无意地发明了科学技术。道教集

合了农业文明国度传统文化一切思想精华，影响了中国的政治、经济、文化、道德、伦理等一切意识形态，一切社会生活，是传统文化最典型的表现，是中国传统文化的巅峰之作，也在世界历史文化发展中独树一帜，是人类农业文明发展历史上所能创造的最大思想文化成果。因而，无论从哪一个角度说，中国人的根底都在道教，而不是在儒教。只是，道教企图一劳永逸追求并非现实的信仰，毕竟太多的巫术气，既缺乏真理性探索，也与理性入世精神冲突，只能最终让位于更加现实的儒教，中国传统文化只能以儒家伦理文化为代表。

佛教东传中国并能够在天地崇拜的中国传统文化条件下生存下来，是民族特性与文化交流的必然，也是因为其有诸多适合中国传统文化的特点，并因此而最终成为中国文化的重要组成部分。

佛教传入之时，包含着适合中国传统文化发展所需要的精神元素。例如，佛教本质上并不是有神论，所追求的永恒境界与天地崇拜不发生直接冲突，梵我如一与天人合一也有似是而非之处。佛教教义不是教条，也不是信仰，而是佛陀无私奉献的开示——心识修养，自我超越——具有类似道教的可自由出入特征。佛教提供了超凡脱俗的解脱之道，给予人类美好的希望和鼓舞，为人类带来最大的福祉，这与道家思想方法趋同。佛教不是神启，而是人类的宗教——世俗宗教，这正是中国本土宗教的特点。

佛教对于中国宗教文化的具体贡献，主要是丰富了精神世界内容范围，扩大了天界视野，将纯粹的天道天国和地狱阴间联系起来，将过去世、现今世与未来世联系起来；增加了业力苦难、惩罚报应、转世轮回等观念概念，并且提供了追求精神世界的修行法宝，包括行善积德、消业救难、解脱轮回等等，因为与儒教、道教方法都有所不同，所以有着方法论意义。“佛教徒处在理性思维的高级阶段”，“只有辩证的思维才是有效的；只有东方的佛教徒和希腊人处在人类辩证思维的较高发展阶段上”。（恩格斯）

中国本来就是多民族融合的国度，也是多元一体文化而非单一民族文化，数千年传统思想文化具有极大包容性和融合性。佛教虽然是自成体系的外来宗教，但因其与中国传统文化有许多相通之处才能在中国传统文化条件下生存，同时又必须用中国文化信仰体系加以阐述才能传播，因此而变成了释家，实际上已经中国化，佛教的传入和兴盛，并没有使儒教、道教的地位受到影响，并且成为与儒道三教一体的世俗宗教。

佛教中国化为如同百家一样的释家，是为了适应中国文化宗教神学和皇权宗教制度的必然选择，变成更多具有哲学意义的世俗宗教，而不尽然是宗教神学。释，

即为解心意。释教以经空为中心，强调万物皆空、自度度人，中道圆融、身心和谐，厌恶现世人生，泯灭欲望以求来世。虽然佛界也免不了有三六九等，但不成佛也可以塑造菩萨心、平常心，并戒去浮躁心，不必再为成仙得道入迷入魔。佛教的消业救难、灭苦除因、超越轮回、取境永恒的出世精神，被认为是佛陀倡导的绝对真理，与儒家仁义道德、礼教秩序、刚健有为的入世精神，和道家道法自然、天人一体、修炼成仙的忘世精神，实际上的相同之处都是在寻求内在修养，求大智慧。佛教中国化的意义成了以出世精神做入世之事。这样的三教，使得天地人心紧密结合，也使得中国传统文化的世俗宗教神学思想体系既相统一又更加完备。

宗教流传是文化交流的结果，不同源的宗教是否能够与本土宗教文化相融合，是一个自主选择的过程，就如佛教中国化传播盛行，也是佛教文化自身的选择。中国传统文化具有独特的包融性，不但自身就有着信仰自由的丰富的各民族宗教文化，而且有众多宗教都曾先后传入中国，其中有自愿中国化而与传统文化融为一体的，也有保持差异仍然属于外来宗教的，这只能说明宗教神学还各有自己的宗旨追求，统一的普世价值时代远未到来。

失去神灵的儒释道，虽然有各自的渊源和体系，但又相互联系和交融，特别是处于三位一体宗教体系之中，必然要在皇权宗教神学核心精神统驭下，扮演着各自不同的文化角色，发挥三教一体的功能作用。总体上看，儒释道三教都是宗天神学：儒之天伦，道之自然，佛之永恒，均以天为至圣之境，天道哲学就是三者的普世价值，可谓之信仰相通；三者都讲天人合一：儒之天命，道之天然，佛之天界，都是人可成功之境界，可谓之思维相通；三教都以仁爱为本：儒之忠恕仁本，道之无为济世，佛之慈悲为怀、救苦救难，可谓之宗旨相通；三家又都提倡修身行善：儒之礼教，道之修炼，释之心学，可谓之途径相通。加之儒家重现世，道家讲超脱，佛教求因果，就都是对现实取舍方式上的差别。只是儒教入世过于积极，道教忘世时玄时近，释家出世甚于儒、道。由于三教的各自特点，皇权宗教哲学和政治对三教也是各有所用：以儒治世，以道治身，以佛治心；以儒为本，以道为用，以释为补；三教合一，形成中国传统文化主要特点和象征。儒家满足不了神圣性精神需求，因而有了释、道，而儒、道之理是释家所不能排除的，所以有了儒释道的结合，并且同为宗教世俗化的表现：出世入世，兼有自由，道成肉身，天人合一。在中国宗教三位一体模式下，天地神灵被皇权宗教所垄断，失去神灵的儒释道同时也就失去了宗教信仰（三教的特点也是其共同缺欠），正是由于天人合一的宗天神学，三教实现教义的途径，都是自律和感悟的，长生极乐，天长地久，等于没有终极意义，无法进行真理探究：求证不得，只能神秘主义。

这种世俗宗教，以失去灵魂的教义为经典，宗教意义只是形式，文化意义才是主要特征，其文化影响也就只能是世俗哲学。儒释道因为失去了神灵的光彩，也就更加世俗化，并且逐渐与多神的民间宗教趋同。在社会生活中，儒释道的信众广泛使得儒释道变得更加功利化，不但是麻醉剂，也是润滑剂、稳定剂。

相比于皇权宗教的神秘性和儒释道的哲学性质，大众更需要民间宗教，这也是无可奈何的选择：皇权宗教接触不上，世俗宗教相对高雅，唯有民间宗教泛神崇拜，包括龙凤文化等简单形式，更为喜闻乐见。既是所熟悉的古已有之的风俗文化，还可民神杂糅，随时随地，运用自如，从根本上适合表达民生多艰的神圣性精神需求。与此同时，因为多神，所以泛滥，无所不包，既有神仙佛、自然神、保护神等信仰，也有鬼魂信仰、妖仙信仰（人鬼神之外，禽兽也可修炼成仙），形成其多元性、功利性、随意性等附属性宗教特点。宗教节日往往变成大众的日常节日，从中就更明显地看出其文化意义而非宗教意义。

中国是一个多民族多元一体、多种宗教多元共存的国家，从古及今，各种宗教信仰，不论是否具有神学教义、信仰对象和崇拜礼仪的差异，也不论其是否具有宗教渗透性、排他性等错综复杂的关系，都能在中华大地上得到比较自由的发展，从而形成一幅幅壮观图景。数千年来，中国古代社会是具有最普遍、最自觉、最自由信仰的社会，有着最自由信仰史的国度。在皇权垄断的宗教之下存在着各民族各种宗教，民间则始终存在着多神崇拜形式，这固然有内外文化交流和民俗形成的必然性，也有宗教作为文化源泉对政治、经济、哲学、道德、文学艺术、科学技术产生的影响，但根本原因还是在于中国宗教宗天神学所具有的包融性。既统一又多元，既综合又分散，这才是中国宗教史的特点。

中国文化从古至今的包融性，是因为皇权垄断天命信仰和政教合一的包融性——天子的天下，天下的天子；以天命为至上神，以天下为天子臣民。皇权始终支配教权，多样性和包融性，人文化和世俗化，三重结构的衔接与脱节。皇天崇拜还要时时注意原生型宗教的边疆存在和发展，包含包括少数民族在内的各种精神崇拜思想信仰内涵，以维持其天子天朝的至上精神地位。唯有中国文化能容纳下各种内外宗教，如内在产生的儒教、道教、民间宗教等，甚至外来的佛教、基督教、伊斯兰教等等，兼容并包，使之成为中华传统文化的组成部分，这种绝无仅有的胸怀容量也正是中国传统文化特点之一。

正因为中国传统文化天地崇拜和天人合一宗教神学的包融性，才具有着从古至今的包融性，对各种文化都能够海纳百川，对各种类型的宗教信仰都可以兼容并蓄——最终都因此而中国化，甚至包括那些本质上与中国文化不兼容的宗教与文化。

试问，世界上哪一种文化能有这样博大宽广的胸怀呢？

第 10 编　文武之道——传统文化思想的表现形式

黄与红是中国传统文化两种最突出的颜色。黄从自然来，黄是因为土地、粮食、人种、皮肤；红从人性来，红是因为祭祀、信仰、希望、理想。东方文化虽然自然特色浓郁，但从夏商王朝的黑与白到周王朝的黄与红的颜色演变，确立了以黄与红为高雅的传统风格，反映自然天道的蓝与绿反而成为普通色。中国黄与中国红文化观念形成过程，意味着中国传统文化精神追求：崇尚自然，展示人性；敬仰天道，追求天命。宗天神学演变成为天道哲学，开创了东方文化精神思想模式，成就了中国特色的文武之道，塑造了天伦之国、礼义之邦的形象：泱泱大国天朝，天下道德社会，未来理想王国。于是，博大精深的文化，造就了最能体现出道德立国特征的教育制度，近乎完美的启蒙教育与选贤任能的科举制度，还有那体现天地精神的文学艺术，林林总总、多彩多姿、洋洋洒洒、俊雅飘逸，至今还令人赞叹不已。

28. 礼义之邦——泱泱天朝大国

中国是有着数千年悠久历史和灿烂文化的文明古国，并且从立国之时起，就是当之无愧的泱泱天朝、礼义之邦——唯有中国文化宗天精神的真理追求体系，才会有这种思想追求。因为，中国传统文化所开创的东方思维模式，建立了宗天神学的天上信仰、天下理想的精神思想体系，创造了独特的天上人间的社会理想模式，包括中央天朝、道德社会和理想王国等等泱泱大国的梦想与实践，充分展现了中国传统文化对人类美好追求的认识与向往。

①中国传统文化思想的中央天朝，向往天宫天象、天朝天庭、天国天堂，追求法天而治，是天上人间社会理想模式的信仰境界。

人类在大自然中生存，头顶蓝天，脚踏大地，是活动于天地之间的生灵，相比于已经让人肃然起敬的有着丰厚物产的大地，那蔚蓝色的天上世界更神秘莫测、令人神往。从远古时起，先民们就对天国给予了热情关注——中国人的天国是真正的天之国。

宗天神学的天上信仰，就是将自然之天同时看做神灵之天，认为至高无上的天界是至上神或天神上帝生活的地方，也是诸神活跃的领域。浩瀚缥缈的天上世界，有着神奇莫测的天象，有着令人间神往的天庭宫阙、天国天堂。于是，自然天象星象规律被看做是天界的活动景象，皇家天学的三垣四象二十八宿，成为描述天国天堂的神圣理论学说，一幅幅天国天堂图景由此展现出来。

晴空万里之时，放眼望去，那是一个由蔚蓝色组成的浩渺无垠的天上世界，北天极就是天界的中央，可分为三垣，以紫微垣为中心，外加太微垣、天市垣。紫微垣处于东西南北中五宫中央，即紫微宫，又称中宫，巍然屹立于天之北极，天帝居之，众多仙山琼阁、琼楼玉宇，组成了天上宫阙，仙风微拂，云雾缭绕，莺歌燕舞，美妙绝伦。

天上的群星朝北斗。北斗七星，璇玑玉衡，运于中央，以齐七政，帝星太一，君临八方，满天星斗，环绕拱卫。

根据天空中日月和金木水火土五星等几个主要星辰位置，环绕天界中心由内向外，可将全天划分成东西南北四个天区，每一天区包含七个星宿，共二十八个星宿，称为二十八星官，并根据每七个星宿组成的形状，分别用苍龙、白虎、朱雀、玄武四种与之相像的动物命名，统称为四象或四陆。“苍龙连蜷于左，白虎猛据于右，朱雀奋翼于前，灵龟圈首于后。”四象活灵活现，神性十足，真正是四神崇拜。苍龙翩翩起舞，玄武步履稳健，白虎笑傲天穹，朱雀引吭高歌，组成了一个多姿多彩、勃勃生机、惟妙惟肖、丰富完整的天地合一的天象体系。四象成为天界诸神的职能和分管的范围。

天上人间，清澄玉宇，仙山琼阁，富丽堂皇，神人相隔，令人神往。从此，巍峨庄严、神秘遥远的神圣天国景象，天宫中若神若仙的极乐世界，成为中国人心目中真理与完美的象征，数千年来，以鬼使神差的无穷魅力，吸引着中国人昼思暮想、翘首以望，驱动着中国人发出不竭动力，创造着天长地久的民族文化，影响着千秋万代的兴旺发达。道家和道教更助推了这种宗天梦想的神乎其神。

天上宫阙，天国天堂，是神仙乐园，也是天神意志体现。它带来的不仅是梦想和希望，也在昭示天象天道、天伦天理，提供着天宫典范。天下人间，是天子天下，天神之子，君权神授，拥有天神使者和代言人的神圣权威。能够代表神的意志，进行天人沟通，还可通过龙马负图（河图）、神龟贡书（洛书）和海上仙山，领会传承天上圣境，模仿建立人间神殿、天子皇宫，创造人间天上的理想乐园。

对于君权神授的天朝天子而言，要实现天上信仰天下理想，就要法天则地，建立天下人间的天国天堂。首先是取象于天，与天朝天宫模式相对应，顶天立地，君临天下，建立天子皇宫——九五至尊，居土之中，中央天朝，威仪天下。再就是法天而治，天地分野，天朝天下，政教合一，群星拱极，恩泽远播。于是，就能实现天上人间的阴阳调和，万物谐和，天人合一，长治久安，最终目的就是千秋万代，天长地久，万岁万岁万万岁。

宗天神学的天上信仰和天下理想，将普天之下都视为君权神授的天子天下，天下家国，家即是国，国也是家，普天之下，血脉相通，不论种族民族，都是天子子民，因而，天朝天下、普世一家的天下精神，就是中国传统文化中独具特色的民族精神。

天上人间，天地一体，天下家国，神州一脉，国脉之下，血缘家族变成宗法社会。天朝宗法制度下，即便是异种异族、异邦异国，也是统一天朝的边藩远民，邦国之治也是宗法自治，实际上形成了中华民族多元融合的民族形成模式。由此，中国传统文化之中，宗法观念、家国观念，代替了种族民族观念，少数民族入主天朝，也是真命天子，载入五千年民族史册。

以天下精神作为民族观念，以统一精神看待天下江山，足以说明中国作为人类文明起源地的特征，也是中国传统文化数千年一以贯之的思想核心，正是在这样的精神下，中国才能被称为泱泱大国、礼义之邦。中央王朝作为正统皇朝天下中心，往往代表着先进的农业文明与农耕文化，与周边藩邦属国的关系是先进与落后、影响与被影响的关系。所以，中央天朝虽然以武立国、犯汉必诛，却崇拜以德辅之、以统为治，在处理天下关系上，不是靠侵略扩张、武力征服，而是文武之道，一张一弛，建立了一整套尊王以礼、怀德服远、礼仪四方、协和万邦的尚礼外交体制，追求不战而屈人之兵的军事战争的至胜境界，从而体现了天朝天下、天伦之国宗天仁爱及崇尚和平的精神。军事战争是人类最古老、最重要的智慧，中国人非但不缺乏尚武精神，而且还有较高造诣。中国古代演武理论作为传统文化的重要组成部分，是世界军事理论的真正鼻祖。然而，在中国传统文化中，弈林武术军事武学来自原始的体育与军事活动，只不过是古老思想文化传统理论升华与艺术表现。大道行于国命，仁义施于四海，立足于农耕文明，着眼于长治久安，堪称泱泱大国的文武之道。因此，弈术、武术、兵书是中国传统文化独特的内容，至今还在影响着中外的军事与文化。

②按照中国传统文化天上人间社会理想模式，天朝天下，礼义之邦，所追求的是天德天伦、天人合一的礼教秩序，所要建立的是天下人间的道德社会。

“国之大事，唯祀与戎。”礼制之要，首在祭祀。祭祀制度是宗教信仰的重要表现形式之一，祭祀本身就是一种信仰崇拜仪式，根本特征在于其宗天神学精神，是以天子为中心的沟通天意的顶礼膜拜活动。正因为这样，祭祀礼仪才会对

国家的政治经济文化和社会各领域都产生全面影响。中国传统文化较早按照宗天神学建立健全了国家与社会之礼，在列为国家之礼的祭祀、君臣、军征、盟宾等之中，唯有祭祀突出体现着国家信仰精神，以尊天祭祖为核心的祭祀文化，是中国历史上政教合一、家国同构、宗法社会及文化生活的主要特征。

按照宗天神学建立起来的皇家礼制，代表着国家祭祀之礼，包括祭祀天宗、地宗、祖宗、圣宗，主要是天神、地祇、人祖三大系统。祭祀天宗，就是敬仰崇拜日月星辰、苍天宇宙，祷告上天，祈求护佑；祭祀地宗，就是敬仰崇拜土地山川、江河湖海、风雨雷电等，祈求五谷丰登、长治久安；祭祀祖宗，就是敬仰崇拜列祖列宗，昭孝事祖，追根溯源，慎终追远，祈求祖先神灵庇护千秋万代兴旺发达；祭祀圣宗，就是敬仰崇拜古圣先贤，因其既是先祖之属，往往与先祖先君有继承关系，又是居功至伟的楷模和千古流芳的榜样，尊圣敬贤，以为师范。

皇家礼制精神思想是社会占主导地位的思想意识，社会祭祀之礼与国家祭祀之礼一脉相承，也必然包括天地君亲师。天地君亲师，是人神关系的天人合一，因为，天地君属于神，亲和师属于祖，是神化的人，前者是信仰崇拜，后者是敬崇拜（偏于宗教），互不替代，是同一体系的不同层次，这正是中国传统文化三位一体宗教神学思想体系的特点所在。

中国是一个文明古国，也是道德哲学大国，礼制思想源远流长，而礼俗系统就来源于原始宗教及其发展。

天下家国，礼教秩序，精神上依靠信仰，具体思想行为规范则落实到伦理道德原则。中国传统文化五千年连绵不断，伦理道德成果最为灿烂，所凭借的就是数千年之四维八德（礼义廉耻、五常加孝悌忠）、三纲五常（君臣父子夫妇、仁义礼智信），虽然良莠不齐，精华糟粕同在，但均属伦理道德核心思想。

礼义廉耻，国之四维。礼即恭敬有序，义即公正无私，廉即纯正高洁，耻即羞愧之心。礼定贵贱尊卑，义为行动准绳，廉为方正尺度，耻为荣辱斤斧。礼节、道义、廉洁、羞耻，是传统社会的道德标准和行为规范。礼义，治人之大法；廉耻，立人之大节。所以才能树立起社会正面形象——富贵不能淫、贫贱不能移、威武不能屈的大丈夫人格，宁折不弯、舍生取义的志士气节和刚健有为、热血春秋的先烈情操等等，激励着无数人为公道、正义、尊严而前仆后继。

礼义廉耻作为国之四维，是国礼之大纲，为的是以道德文化，使人远离禽兽蛮荒，走向文明，同时维护天下稳定性。纲举目张，仁义礼智信就是最具体的道德准则。

仁者，人也；天理良心，推己及人，仁德宽厚，仁者爱人。义者，道也；

天地道义，羞恶之心，刚正之气，侠肝义胆，铁骨柔肠。礼者，敬也，事神致福；恭敬之心，尊卑之仪，人伦之序，和谐之道。智者，知仁义也；理智智慧，心性通灵，懂得仁义道理，明辨是非、曲直、真妄、邪正。信者，人言可靠也；言出由衷，人言不爽，诚实不欺。仁义礼智信的意思，是仁爱、忠义、恭礼、睿智、诚信。仁以爱人为核心，义以尊贤为核心，礼就是对仁和义的具体规定，智是懂得仁义不背离，信就是言传身教，诚心诚意，始终不渝。做人的起码道德准则此为伦理原则。

③中国传统文化天上人间理想社会模式中，中央天朝是信仰境界，礼教社会是道德境界，小康与大同才是理想境界——追求从天下为家到天下为公的理想王国。

按照传统文化宗天神学和天道哲学思想体系，天上信仰天下理想是最高追求，在天下人间实现天国天堂理想，建立起人间天堂的理想社会，是天命天子义不容辞的神圣使命，唯有如此才能成为天下拥戴的真命天子和不辱使命的真正天使。因而，古人将“小康”与“大同”列为两种不同的社会状态或社会理想。由天子主导的法天而治、奉天承运、天人合一、天道政治的创造小康与大同这样的理想王国，其实是传统文化的必然选择。

大同与小康，前者是禅让，后者是世袭。大同之世是无忧无虑，小康之世是有德有序。大道即为天道，天德天理天伦，也即礼教秩序，实现的是以人为本、以德治国、以礼维持、以乐保证，追求风调雨顺、政通人和、国泰民安的治世。小康之世，大道既隐，礼义为纪，贤愚善恶，奖罚有序，温馨和睦，讲究礼仪，是天下有私的亲情社会；大同之世，王道荡荡，贤能信睦，大道为仁，路不拾遗，井然有序，是天下为公的理想社会。

以小康、大同命名所追求的理想社会，是在“祖述尧舜，宪章文武”，即，以古圣先贤和三代之英为榜样，将其作为建设理想社会的标准。天下为家，天下为公，天下梦想，寄托着传统文化人间天堂的精神理想，体现着人类社会的美好追求。中国人将这一传统社会“天下梦”，一直做到鸦片战争以前，直至民族国家复兴之时，才产生了赋予崭新内涵意义的新时代的大同与小康。

29. 教化王国——宗天梦想的社会

中国自古以来就是以文化立国的教化王国。中国传统文化宗天精神创造了东方思维模式和天道哲学思想理论体系，同时也建立了维护礼教秩序的制度体系，其中，经、史体制为核心，启蒙教育为基础，科举制度为阶梯，形成了童蒙仕途终生追求的国家道德教导体制，呈现了举国教化的壮观景象。这种全天下都参与且目标一致的望子成龙、学而优则仕和官本位意识的天朝体制，使之成为渗入每个中国人骨髓的文化传统。

①举国教化天朝体制的显著特点，是“祖述尧舜，宪章文武”，以经学为天下家国经典思想，发挥宗天神学教义的作用和影响。

宗天神学的神秘主义，加之皇权垄断，使其难有明确的教义普及于社会，而天下人间又必然要承受体现宗天精神，于是，以各种信仰仪式蕴含、昭示宗天崇拜精神就是万不得已的现实选择。当过祭司的孔子，深知中国文化的真谛，既不语怪力乱神，也不议生死鬼神，而是敬鬼神而远之，在探究信仰仪式的同时，整理编辑出大道之行与三代之英时古圣先贤的宗天方式和礼教制度，将之作为经典规范，竟然也能起到教义作用，并因此为儒家思想最终上升为中国传统文化的主导思想奠定了坚实的基础。

“祖述尧舜，宪章文武”是对传统文化思想精华的概括，是儒学大师对传统文化的精湛浓缩。中国传统思想文化的根源就在先秦以前，三皇五帝留下的是传说中的传统思想与文化，夏商周留下的是有文物和文字记载的思想与文化，春秋战国时期则是对传统思想文化的分析、综合与发展。“祖述尧舜，宪章文武”的提法追根溯源，基本上概括了先秦文化的中心和主题，可谓是纲举目张。汉代以后尽管典籍浩繁，只不过是源同流异。因而，将中国传统文化精华思想浓缩为五经六艺，是儒家的重大文化贡献。

先秦文化以五经六艺为代表，称为六艺的“诗书礼易乐春秋”，是为继承三代王朝风范而作的范本，被孔子编定成为六经之后，既是中国传统文化的核心内容，也是宗天文化思想的经典教义，其他经史子集虽然众多（如还有道、墨、法、释等等诸家之经），但均不如六艺之功用与影响，于是，以之为经典思想的经学，就成为数千年中国传统文化的代表。

六艺之中，除前编介绍过的《易经》是传统文化的信仰之根、哲学之本、思想源泉、大道之源之外，《诗经》虽然是诗歌总集，但主要是天朝天下史诗风采，风雅颂均表现着皇家王朝宫廷贵族风范。如，风为地方诸侯国的风土和风俗乐歌，雅为王畿内宫廷贵族所用的标准音乐，颂为祭神祭祖时所用的典型的庙堂乐章。《乐记》中的“治世之音安以乐，其政和；乱世之音怨以怒，其政乖；亡国之音哀以思，其民困。”将庙堂声乐与天下政治联系起来，说明了王道政乐特征。而《礼记》中的“不食嗟来之食”、“苛政猛于虎”、“小康大同”等思想，以及与《论语》、

《孟子》组成四书的《大学》、《中庸》等，都是传统文化中闪耀光芒的经典思想。相比较之下，《尚书》、《春秋》分属记言记事的史书，将历史与资政和教化紧密结合，是传统经典的突出特色。

从六艺的特点上可以看到，经学虽为儒家所列以继承周礼，实际上却是对传统礼制的全面继承与总结，儒家是在传统文化基础上建立起自身的道德伦理学说体系，因此才能最终成为传统文化的代表学派。与此同时，更为重要的是，伦理道德、礼教制度只是一个形式，能将六艺经典思想统一起来的并不是儒家学说思想，而是远在其上的宗天信仰宗天神学，儒家学说承上启下，将宗天精神天道哲学理论化、系统化，因此能够具有宗天神学的世俗教义性质，儒家礼教的宗教特点就显现出来了。于是，经学经典与宗天神学一脉相承，一以贯之，泽被后世，影响深远。

儒家经学精简梳理了传统文化浩如烟海的典籍，形成了系统化、理论化的伦理道德和王道学说，但同时也就等于剔除了其他文化学说居主导地位甚至存在与发展的基础。中国传统文化就是在几次类似的文化大剔除中，失去思辨理性和科学逻辑的，由于绵延不断的大一统，任何多样文化一旦被剔除就很难有所恢复。儒家文化成为中国传统文化主流之后，走向了经学化，并因诠释这类经典而制造出流传千年的愚昧无知和神秘化，使先秦文化中的哲学与科学思想被宰割得支离破碎，从而，如若不能从更宽广视野、更大范围准确地理解传统文化的经典内涵和意义，就难以不断地将之发扬光大，并产生应有的强大生命力。

②中国传统文化唯一与经学地位不相上下的就是史学，与经学相辅相成，支撑着中国文化精神的是史家精神与史学文化。

史学是中国传统文化中最耀眼的文明成就之一，从古至今绵绵三千多年的历史不间断地被记载下来，仅就这一点而言，就是世界上独一无二的。中国传统文化中的史学特色是世界文化史中的奇迹，史家在中国历史上始终具有极为特殊的地位，独特的史学文化、史家的风骨气节等传统文史精神，是中国文化思想的精华，也是中国传统文化的显著特色。

中国史学文化的源远流长，有原始宗教的渊源，因远古精神信仰方式的演变而较早产生，发端于古史传说，也成型于记言记事的上古之书，形成悠久的历史——根本上是因为原始宗教以来的宗天精神和天道哲学思想体系的深刻影响，或者说就是这一体系的组成部分。中国古代原始崇拜在绝地天通之后，帝王集巫祝政教于一身，同一体系内的巫觋史祝等从事祭祀、兵家、天文、地理、方技和史官等，属于专业性的观天象、制历法、营建筑、与兵机的神职队伍，都成为附属帝王将相权力中心的学问之官。帝王是天子，要代天言事；史官记录帝王天子言行，就是代天记言记事，史官之职因此有了一定的神圣性。史学最早就是将天朝天子的言行记载下来，目的就是上以应天命，中以告祖先，下以传后世。因而，史学文化也在追求天上人间、天朝天下、长治久安、千秋万代、天长地久的宗天理想，既是宗天信仰的标志，也是其思想精神的特征。

中国史学，完善于先秦史籍，由史家精神奠定了史学的思想精神形制体例，并成为文化特征。汉代以后因宗天神学理论化、系统化，才有大一统系统史书。由于史学的产生背景和其作用的神圣性，历代天朝帝王很早就认识到史学的存史、资政与教化作用，都试图将自己的文治武功作为丰功伟业而永传后世，对史书奉若神明，对朝史记载与评价诚惶诚恐，怕受到天地神灵的警戒和惩罚。“马上天下，马下治之”，“武功毕则修文事”，“成则王侯败则贼”，为此而编纂好王朝史，成为历代统治者孜孜不倦的追求。正因如此，从古至今已经形成了独特的史学文化，纪年体、断代体、编年体、纪事本末体的正史、野史等等组成了浩如烟海的历史资料大全，而创史、记史、传史、说史、议史、评史、展史等历史文化，具有影响社会政治文化历史人心的特殊功用。

在涵盖全部古代文献的“经史子集”的分类中，经、史实际上是并列的，最早是列入经典当中的，诗书礼易乐春秋，将史学也作为了经学——孔子整理《春秋》即为了“克己复礼”以使“乱臣贼子惧”。在讲求文治武功的中国传统文化思想影响下，史家的地位一直都是遥居百科之上的，没有任何一个国家和民族，像中国这样重视历史，不受朝代更替的影响，几千年执著不变。中国传统文化宗天精神与史学要解决的问题是统一的，即，历史如何由年复一年的记忆，变为像宗天神学那样地追求天长地久，以展现人类发展的永恒。

中国史学，以宗天神学创造史家精神，以史家精神建立历史，这种史家精神，既表现为代天言事的神圣性，又表现为天朝天下史学准则，这使得要成为史家，就要具有宗天精神的天地正气、舍生取义的浩然正气、杀身成仁的殉道心志——士大夫风骨气节，因此，秉笔直书、仗义执言的史家风骨被誉为史家精神。史书与朝代的地位往往相同，史德（秉笔直书）与史学、史识、史才形成了中国特色史学理论，使传统史学地位更加巩固，成为延续几千年的史学传统。它也是备受推崇的中国传统思想与文化精神的突出表现。

中国传统史学走过了一条从孔子微言大义的春秋笔法到寓议于叙、秉笔直书、通古博今、经世致用的发展道路，再到创立纪传体的司马迁则是更具有全面史学观的史学大家。他的“究天人之际，通古今之变，成一家之言”，并将编年体断代史变为纪传体通史，经《汉书》定制后，成为历代史著编修相沿成习和千古不变的史学原则模式。

史学中不乏古文化经典之作，对中国传统文化风格的形成起着不可磨灭的作用。除“五经六艺”中的《尚书》、《春秋》等之外，还有《史记》、《汉书》、《三国志》、《后汉书》等“前四史”（属中国史学《二十四史》代表作品系列，均有着“鉴于往事，有资于治道”主题），特别是“汉代独一无二之真正大儒”的司马迁，其所创作的《史记》，是集上古学术思想之大成的个人史著的开山之作，但司马迁实际上是把微言大义的春秋笔法演变成了如史如诗、文情并茂、寓议于叙的通史文法，既是中国历史上空前绝后的个人著述的百科全书，也是一部令人拍案称奇的中华民族史诗，堪称“史家之绝唱，无韵之离骚”。可以这样说，没有《史记》，几乎就不可能有完整的中国古代历史。

与史学在传统文化中的崇高地位大相径庭的是，一般的中国人对史与史学总是抱有故事、小说和演义的态度。这里既有正史原因，也有伴随正史而来的野史、秘史、稗史及其他原因。因为有正史，所以才会有非正史，正史是公开的官修历史，野史、秘史和稗史等也应是从正史而来或针对正史的补充——只有正史不写或不方便写出的东西，才能成为其他著作的成书材料。其实，野史、秘史、稗史等并不是史书，而是具有史料价值的演义，应该是各种演义题材文艺作品的源流，也是产生民间文化的重要源流。演义体史书就是模仿史书的文艺作品，文化价值还在于其通俗化和文艺化影响。

③尽管经、史地位高高在上，举国教化的天朝体制，其真正稳固的社会基础却是在启蒙文化。

中国传统文化中的启蒙文化是与其教育制度的发展演变相辅相成建立起来的，而启蒙文化所反映的文化思想内容和体现的教育制度，则是宗天精神下的天朝社会文化思想的产物。

中国是历史悠久的文明古国，教化之风源远流长。在原始社会后期就已经有了学校教育的萌芽，夏商周时代已有庠、序、校三种教育机构。西周时期出现了官学，包括中央王朝和诸侯办的国学，即太学和小学。太学、小学教学内容都是“六艺”（礼、乐、射、御、书、数）为主，小学尤以书、数为主。先秦学校分为国学和乡学（泛指地方所设的学校）两大类。春秋末期，出现了如孔子等民间人士兴办的私学，突破了“学在王宫”，从此，古代教育制度就有了官学、私学之分，后虽经王朝兴替，有所增减，但总体风貌没有大的变化。唐末至明清，官学、私学均兴办起了书院，直至近代始改为中小学堂。

传统文化中的教育思想最大特点是重视德育，体现了天朝社会教化为先、以德治国兼及智育的由上至下、天人合一的宏观教育观念。相应的教育原则与方法等内容也很丰富，如，师道尊严、有教无类、因材施教、循循善诱、温故知新、学思并重、由博返约、教学相长等等。教化王国的启蒙文化包括两个方面的内容和形式，正统的启蒙文化教育和社会流行的启蒙读物。启蒙体制具有正统小学、大学和社会蒙学不同形式，社会蒙学经典具有更强的社会知识综合性。

启蒙文化精神思想性质，虽然从文化目的出发，但不自觉地就成为宗天精神的社会民间教义。启蒙教育是人生第一课，同时也是自觉中国人的开始。当你接受启蒙之时，就表明你的中国人思想开始注入，蒙学之时，经验智慧，烂熟于心；长成之时，酝酿发酵，理解领悟，从而厚积薄发、融会贯通、触类旁通。这就是千百年流传的启蒙教育思想。

六艺有诗书礼易乐春秋六经之六艺，另有礼乐射御书数六艺，是春秋战国以前王侯和官府用以教习子弟的六种技能，两者相辅相成，既是普及性蒙学读物，也是科举制核心内容。

中国人要想精通自己的民族文化并非易事，越是神往，就越会发现，由于从古至今典籍著述之浩繁，经书论著汗牛充栋，以经史子集四部加以概括也还有所遗漏，“累世不能通其学，当年不能究其礼。”要想全面了解古籍，似乎难辟捷径。宋朝朱熹选辑的四书五经，是对中国传统文化最经典的概括，不论是作为正统官学的简本，还是作为启蒙读物，其地位与影响都堪称一绝。

数千年以来，天朝天下，农耕文化，官学书院，私塾田园，诗经范文，诵读朗朗，就是中国传统文化的启蒙特色。于是，中国童蒙成长过程中，两耳不闻窗外事，一心只读圣贤书——唯有神圣，没有神话；唯有贤愚，不计高低；唯有礼教，不论遐迩；唯有天下，不分民族……几千年的儒家思想文化传统，渗透进中华民族子孙的每一个毛孔，影响至华夏神州的每一个角落。直至近代面临着民族危亡之际，才抛弃了尊孔读经，转向了“风声雨声读书声，声声入耳；国事家事天下事，事事关心”。天道酬勤，变身为中华之崛起而读书。

蒙学读物，包括经传史学等官学、私学正统教材，也包括社会人生启蒙读物。正统教材内容形式比较一致，社会启蒙读物则内容繁杂、样式繁多，虽然免不了一样地要尊孔读经，但令人不能不感到十分诧异的却是，与四书五经等正统读物相比，唯有启蒙教育读物才是人生社会的文化百科全书，因为，儒家经典、官本位的科举，毕竟仅仅是单一学科为主，除了应考之外，别无用处。

而社会蒙学读物，以最适合大众的通俗简洁优美的语言，综合概括了社会生活所要用到又必须掌握的知识，某种程度上，人生真正教科书，成为贯彻宗天信仰的社会及民间的真正教义。社会人生启蒙读物也是经典，因为皓首穷经固为饱学，但平民百姓不可能做到，只有浅近的思想才能为更广大民众所接受。所以，最简单的流传最广，影响最大，甚至超过了经史子集。这就越发显示出启蒙教育的举足轻重地位了。经过千百年文化教育经验创作积累，蒙学形成了一个有着循序渐进体系的系列读物，不同类型的蒙学教材层出不穷。有名物的、文字的、历史的、经学的、伦理的、地理的，各种读物不下百来种。有百科全书式的（如《三字经》、《千字文》、《增广贤文》、《幼学琼林》、《龙文鞭影》等），也有家庭生活常识式的（如《百家姓》、《千家姓》、《颜氏家训》、《朱子家训》等），更有专门用于礼教教育的（如《弟子规》、《孝经》等）和文化文学修养的（如《笠翁对韵》、《声律启蒙》）等等。

④举国教化天朝体制中，在经、史和启蒙之间起支撑作用的是科举制度，开科取士制度不仅创建了学而优则仕机制，还通过强化官本位意识，确保了传统文化的普及与持久延续。

教化王国的经、史和启蒙，是上下两个层次，经与史创建的是宗天神学下的天子天朝经典规范，包括了君主专制、中央集权、官僚政治和农耕文化等政治、经济、军事和精神思想文化等制度内容，启蒙文化是在经、史指导下的普及性文化教育内容，而科举制则是承接基础建立大厦的必备体制结构，开科取士制度的建立，为神圣天朝选官用才提供了连绵不断的制度保证。

科举制是天朝体制必然，为天子天朝培养了一大批有真才实学的朝臣士子，巩固了官僚政治体制和官本位制度。科举制不仅是中国古代选官制度的重大变革，更是与宗天思想体系和中央集权制度相配套的天朝体制。天子天朝天下江山，就是要天下为公，面向天下选拔人才，通过选贤任能，建立为天朝制度和理想服务的将相臣子队伍，以此巩固天下江山。科举制造就了文官政治，最深刻体现了天子天朝官僚体制的基本精神，最充分反映了马上天下马下治的历史传统和文武之道。文官政治又培育形成了官僚政治体制和官本位制度，造就了中国的官僚阶层。

科举制突出了天下理想，推动了天朝为官意识，为天朝天下天子之民开启了实现天上精神和天下理想的成功之门，强化了读书尚文的文化传统，客观上促进了学校教育的发展。中国自古就有一个贵义贱利、重道轻器的传统，一贯追求的就是治术重于技术——慈不掌兵、义不理财。科举的神圣，在于天朝为官，在于天朝臣工俸禄权利，更在于真正实现天下理想的最大满足。科举考试的精神思想与价值导向，强化了官本位、学而优则仕的体制，对社会文化形态产生着直接的影响。

科举制将重教尚文的文化传统制度化、实用化，强化控制了教育性质、目标和发展方向。诗书语言，礼乐制度，人之文章，可以立身，可以求官。科举入仕成为风尚，从童蒙到白叟，读书作文，应试出仕，登科及第，是生活内容与奋斗目标。

科举制培育与维系了传统文化，其精炼文化核心和显著传承作用，对中国传统文化产生了巨大而深远的影响。文化之核心就在于其价值观念的影响。科举制特别突出了儒家文化在传统文化中的历史和现实地位，为儒家文化的传承延续提供了良好的教育条件、文化氛围和社会背景，由此，儒家思想在全社会得到强化，成为中国传统文化的精神核心。

科举制创造了天下为公的人才选拔机制，它以制度形式实现了公平公正、唯才是举，悠久历史和思想意义影响深远。科举制度杜绝了世袭垄断、举荐偏颇和任人唯亲等弊病，无疑是一种公平、公开及公正的选人用人制度。千锤百炼的考试形式蕴含着科学、民主、法制的因子，这在数千年封建专制社会历史条件下是相当大的魄力与突破。历史悠久的科举制度，对隋唐以后中国的社会结构、政治经济、教育制度、人文思想，都产生了深远的影响。科举制在长达一千多年的时间里，为统治阶层源源不断地输送了高素质人才，涌现出诸多楷模典范和风流人物，巩固了中央集权国家制度，特别是构筑起捍卫天子天朝天下江山的社稷长城。科举考试所创设的公平竞争机制及其彰显的平等精神，是华夏民族智慧的结晶，也是科举文化的精华所在。

科举制的正负影响与存废争论自其产生之时起就始终在进行着。总体上看，科举制度通过制度化的形式进行价值导向，影响制度文化、精神文化、物质文化三个层次和形态的内容与方向。

科举制最明显的缺欠就是对中国传统文化的制约与局限。科考代圣贤立言，对功名的追求并不是对知识或灵性的渴望，民族文化缺乏健康发展的动力与活力，官本位价值导向，赚得英雄尽白头。当然，科举制度毕竟主要是一种人才选拔制度，而不是决定传统文化发展的根本制度。中国传统思维模式导致人文科学发达而科技落后，西方文化思想体系才是导致其近代科技文明率先发展发达的原因。

科举制的东学西游与西学东渐。科举曾经是制度文明的先导，具有重要的开创意义，在世界文明史上产生了广泛影响。科举制对维护中国的统一和保持一个令人尊敬的文明水准，起到了比任何其他制度都大的作用。当近代欧美国家纷纷颂扬、仿效中国文官制度之时，中国传统文化的科举制度却走向了穷途末路。公元1905年科举制的废止，不仅仅是因为现代学校的推行，更重要原因是清末社会文化根基发生了动摇，中国面临数千年未有之大变局，需要新式学堂进行新科举来救亡图存。

科举制度之废除不仅仅是一个悠久制度的消失，还意味着一个有着数千年历史的社会形态的终结。20世纪这一百年来，中国人所做的事情实际上就是在东西方文明的冲击与碰撞中找到自己文明发展的位置。

30. 文艺范式——诗意文化的国度

在中国传统文化的发展历程中，文学和艺术具有独特的历史地位，这不仅是因为其曾与经、史并列，体现着文武之道，而且是因为其独特的文化贡献。中国古代的文学艺术同样具有鲜明的天上信仰天下理想的宗天精神特征，以诗词歌赋、道德文章和琴棋书画为代表的文学艺术形式，不仅将汉文语言文字特色发挥得淋漓尽致，而且将自然天成的宗天思想也发挥到了极致，成为东方文化思维模式美的追求的经典范例。

中国传统文化早已在开创东方思维模式的同时，形成了对美的规律的认识，创造了独具特色的美的韵律——形音一体、形神兼备、形象生动、自然天成的艺术语言和手法，在这种美的韵律之中，产生了汉字，产生了诗歌，产生了乐舞，产生了农耕文化中人与自然的和谐图画——美的真谛就是美的特色。与此同时，人们对美的特色的共同发现，形成了美的共识，这种个性与共性的统一，共同创造着美的规律。

中国是历史悠久的文明古国，立国之本在农业，人文传统在山水田园，农耕文化的特征就是追求天上人间的宗天精神、天下江山的相融和谐、人与自然的天人合一。由此决定了中国传统文化与自然山水的密切关系，特别是传统文化中的文学艺术，其神话史诗、管弦乐舞、诗词歌赋、琴棋书画、文辞话本等，揽宇宙天地之大小情怀，赞天下江山之辐辏拱极，歌自然山水之神采飘逸，颂天上人间之神乎其神，形成传统文化显著的风格特征。

人类文明的史前时代，各民族文化都经历过文字产生以前的神话传说时代，中国传统文化也曾经有过自己民族源头的神话与史诗流传的时代。中国人的创世神话充满了宗天精神，从宇宙的诞生、天地的形成到人类的创生，不但想象丰富、传说生动、创造奇特，而且系统全面、典型翔实，并遍及正统史籍和野史杂记等各种古籍资料中。中国人的英雄史诗则将神与圣融为一体，天地英雄和神圣种族精神贯穿于五千多年整个民族历史之中。因为中国传统文化较早形成了东方思维模式的宗天信仰思想，从而使得民族文化显得过于早熟，与古希腊摇篮式神话史诗相比，中国人的创造魄力显得少年老成，儒家伦理和道家道教的神乎其神，终使古代渐渐消退了传承原始神话的热情，而以历史化、哲理化见长。几千年来丰富多彩的文化遗存未能流传为生动感人且体系完备的神话与史诗，是文明古国最大的遗憾。东西方文化模式都曾受到过自己产生神话模式的深远影响，甚至成为现代文明的重要思想文化源泉（如古希腊神话甚至成为欧洲文艺复兴的重要精神思想动力）。

尽管神话与史诗沉没在历史与哲学之中，诗歌乐舞却在文字形成之前就兴起于神州大地之上，成为最早出现的华夏之声，抒情诗歌与伴歌而起的器乐一起，共同开启了华夏文明光辉篇章，中国传统文化从此开始走上了一条礼乐一体的庄重典雅之路。

音乐之所由来者远矣，源远流长的音乐是中国传统文化产生的源头和基础。原始乐舞主要目的是娱神和自娱，有娱乐、劳动、征战、巫卜、爱情或其他各种生活内容与内涵。舞能振奋精神，舞能通神，既是情动形言、嗟叹歌咏、手舞足蹈的人类性情之表达，也是载歌载舞、曲调协和、口语歌咏与乐舞综合的带有原始宗教巫术色彩的歌舞仪式活动（如巫舞、傩舞、百戏等都是古代巫术礼仪活动中产生的原始歌舞）。

原始音乐是声乐和器乐的组合，声乐由劳动号子演化，器乐因作狩猎工具而产生。具有宗天精神的中国远古祖先，似乎与自然规律心领神会，追求自然天成、典雅飘逸的霓裳之舞，并擅长将其化为艺术规律，最早创造了一系列的乐舞器具和诗乐舞理论。远古时的诗乐舞浑然一体，诗歌、音乐、舞蹈三位一体的乐舞，是天籁的乐与天然本性的舞自然天成的结合。诗言志、歌咏声、舞动容，诗乐舞一体，包含了古人所有的生活想象，是原始时代最具特征的文化形式。

万舞翼翼的夏商周，是真正乐舞的形成时期，直到宋代以前，中国音乐发展的主流是一个从原始乐舞到盛唐大曲、从原始的民乐到盛大的宫廷音乐的进化过程，民歌、雅乐、郑声和遁世之乐构成了广博恢宏、纯正地道的华夏之乐。夏商周三代也是传统礼乐制度之源，不论是宗天信仰天道哲学，还是文化思想、礼教秩序，都赋予了管弦乐舞的教化功能，从而使古代乐舞的发展经历了从娱神娱乐之术到统治天下的治驭之术的过程，礼乐一体是中国传统文化的制度创造。“治世之音安以乐，其政和；乱世之音怨以怒，其政乖；亡国之音哀以思，其民困；声音之道，与政通矣。”从此，礼乐是庙堂之上的高雅之声，名曲与教化结合一体，乐礼并提、诗礼传播成了传统乐舞特色，在天人关系的规范化之中，礼乐关系起了不可替代的作用。

人类文明发展史上，各民族都有过能歌善舞的历史，单一民族往往因为文化传统的单一传承，一般都能在一定程度上继承保持善歌善舞的习俗，而融合性民族因为多元一统文化取向，原有的文化风俗已经包含在综合性精神文化追求之中，并且已经为更丰富多彩、更具有多样性和广泛性的民族文化形式所取代，所以并不以单一的歌舞见长。当然，各民族诗乐舞文化习俗实际上都应视为中华民族多元一体文化传统的组成部分。

诗乐舞一体，特别是和乐而唱的诗歌，强化了汉字的语言韵律，推动了诗歌从乐舞中独立出来，诗歌的时代是文字为主的时代，造就了乐感文字的乐章，从而创造了诗的国度。

语言文字是人类文明史的活化石。中国是世界文明古国，作为中华民族最大文化发明创造和高度文明象征的汉字，是世界最古老的文字之一，因其表意文字特有的形式和所承载的精神思想，成为惊天地、泣鬼神（远古祭司因之以记神载事）的天人合一的宗天语言，创造了东方中国独一无二的传统文化，形成与拼音文字文明模式差异——西方人认为汉语是最接近上帝的语言，说明原始宗教的天神上帝本来就是东西方文化的源泉。

语言文字的特点往往决定文学特色。中国的诗意文化传统源于其语言文字抑扬顿挫的独特乐感，抑扬顿挫的文字音律和形声兼备与微言大义是汉字语言的突出风格特点，也是诗意文化的突出特征。作为最让人心领神会的传神语言，汉语最符合艺术语言的特点只有在诗歌中才能得到最大限度的发挥；与此同时，汉字的魅力也表现在它所承载的丰富思想文化内容上。汉字作为表意文字的突出特点是韵律生动、形象传神并蕴含抽象意境，成为典型的偏重于形象思维优势又微言大义的艺术语言。汉字文化造就了中国文化传统，诗意文化、山水田园就是中国人天上信仰天下理想的追求，中国传统文化的特征因此是宗天精神下的人生哲学而非宗教神学下的人世哲学或科学哲学。这大概是中西文化表现风格上的最大不同。

中国古代曾经是当之无愧的诗的国度。从先秦《诗经》、秦汉辞赋乐府、魏晋山水田园诗、唐诗宋词元曲，再到明清诗文，一直到近代白话文学，诗的国度可谓诗韵久远、精彩纷呈，综合而言，主要有三大显著特点。

首先是诗的国度诗歌风俗的形成，有一个从大众文化上升为国家文化的过程，即，采诗入府，由俗入雅；编诗入经，以雅约俗；诗礼相传，不学诗无以言。这

是中国诗歌史非常有诗意的历程，也是中国传统文化独一无二之处。将诗歌作为国家经典文化形式，不仅避免了大众化的自生自灭，还能使诗歌在韵律意境和思想深度上得到提高，特别是能够成为泱泱大国天朝天下彬彬有礼的官学语言，因而产生十分广泛而深刻的影响。中国从远古文化开始就以诗歌作为自己社会生活的重要组成部分，以诗文作为自己的文化规范与传统，更以诗文作为自己民族的思想源泉——诗乃天地心。因此创造了辉煌的诗歌发展成就，塑造了具有君子之风的诗的国度和古老悠久文明。

其次是诗的国度围绕着宗天精神而形成一个宏大历史乐章，并随着天朝天下的波澜起伏，每一时代都有自己的诗歌形式，总体诗歌成就可谓辉煌灿烂、登峰造极。诗的国度的诗歌历史是一部宏大多幕又多变奏的诗歌王国的交响乐章。宗天精神下的天朝天下王朝更替、波澜起伏、史诗壮阔，诗歌史与文明史、文化史融为一体，展示了一个由浪漫到悲壮再到沉寂的过程——由先秦的浪漫开篇，到秦汉洋洋大赋和古乐府的浪漫，再到唐诗的浪漫，从宋词元曲变为悲壮，直到明清由悲壮而低沉，终于渐渐走向沉寂——由此也即从兴起、高潮到尾声三部曲的完整过程。与此同时，凡一代有一代之文学，天下江山改朝换代又与诗歌体例的时代变奏组成了一个个多幕乐章。先秦诗以后的楚骚、汉赋、骈文、唐诗、宋词、元曲，就像诗歌史大乐章中间各主要乐章及变奏，且诗词歌赋词曲各自的兴起、高潮、尾声三部曲，都是从浪漫、悲壮到沉寂的过程——这种与时俱进也恰恰同时证明了天朝天下御用文化的特征。

唐诗、宋词、元曲，是中国诗文化发展的顶峰，也是中国传统文化发展的高峰。唐代以诗入科举，治文尚武，文治武功使诗文化更加璀璨。唐诗亦诗亦画，雄浑细腻，百花齐放，争奇斗艳，并且文人集萃，名家辈出，成就斐然，空前绝后，是古典诗歌高度成熟时期。诗仙李白傲岸不驯、汪洋恣肆、飘逸洒脱、潇洒落拓，体现了天上人间精神的浪漫主义风格；诗圣杜甫铺陈排比、锤炼精纯、沉郁顿挫、忧国忧民（这也许是杜诗唐昧宋兴的原因），体现了典雅厚重精神的现实主义风格。杜浅李深，共同具有神与物游、思与境谐、理趣神韵相协调特色，可谓是思想与艺术的完美结合，成为唐诗交响乐章的顶峰。

少喜唐音，老趋宋调。宋代从诗脱颖而出以词著称，词兴于唐，盛于宋，是诗余，也是超越平仄更强调汉语抑扬顿挫的诗。“国家不幸诗家幸”，与唐诗的流畅激越风格略有不同，宋词更倾向于铿锵节奏和音韵之美，适合婉约悲壮情绪的表达。柳苏辛陆和“三李”（李璟、李煜、李清照）之作为宋词代表。特别是苏轼，诗词散文琴棋书画无所不能的通才，以诗入词，风格豪放，超旷清逸，刚柔兼济，

成就极高，难以比肩，文化史上空前绝后。唐诗造就了宋词，宋词又成就了元曲，元曲的兴起是因为蒙兴明亡过程中诗风不再，这种杂剧和散曲的形式，适宜于怀古讽喻，缺乏泱泱天朝气象，而多乱世天下凄凉挽歌。元代文化的戏曲化是商业文化对农耕文化唯一一次侵袭，杂剧的社会性和散曲的抒情性，都使元代文学走向了一个新境界。元代戏剧除杂剧外，在南方尚有南曲戏文，或称南戏。诗词曲是生命之歌，体现文化精神，诗境无我、词境有我、曲境酣畅直率，令人齿颊生香、浮想神往，唐诗宋词元曲之以时代显，各有其美，不可替代。

传统诗歌史的主题与风格就是带有变奏的交响乐章，从金戈铁马到勾栏曲院，从大风之歌到幽怨散曲，从诗到词再到曲本身就是一个由浪漫到悲壮的发展历程，只是，与上述历史周期律相反的是不论各朝代兴衰演变，各种文学样式都是在不断地通俗化——从文言到浅文言再到白话，为通俗文学的昌盛铺平了道路。

再次是诗的国度诗歌成为文化教义，国家社会以诗为舞，成就了诗礼传家风俗，也造就了独特的隐逸文化。中国传统诗意文化的特点，使之成为诗的国度，从古至今，诗的盛衰影响了文化的兴衰，诗词曲赋的发达，正是文化发达的标志，因此是文化高峰。中国古代社会已经形成了以诗歌为生活内容的文化传统，官府用诗，文人用诗，民间用诗，诗歌不仅是经、史的一部分，而且在某种程度上甚至超过了经史地位，以极其显著的成就而成为最流行的文化形式。因此也就成为以诗、文为文化政治教义的国度。中国传统诗意文化，追求自然天成、风采飘逸的文化风格，充分体现了天人合一的境界，在自我创造的超脱的自然王国中实现理想得到成功，这种诗意文化的宗天精神数千年绵延不断。

诗的国度曾经的辉煌难以再现，一方面是因为古代的诗已经登峰造极，经典语句的锤炼再也无法超越，另一方面也是因为作为传统文化宗天精神的体现，诗意文化与朝代兴亡、民族兴衰、文化兴盛等等同命运，各个时代都有不同风格形式意境的盛世华章与亡国之音，诗词曲的发展，都最终成为难以再现的艺术古董。古风古韵也为新语言韵律形式所取代。以白话读译古诗就很难。而近现代之时，传统文化受到外来文化的冲击，科学、民主成为救亡图存的主旋律，诗文主导地位逐渐丧失，新文化尚在持续建立中，这些都是中国传统文化诗的国度难以再现的主要原因。

中国古代诗意文化在崇尚诗歌的同时，也具有诗文一体的传统。诗是有韵的文，文是少韵的诗，讲求文辞风采，倡导诗文天下，是传统文化魅力所在；而道德文章的文以载道、文化教义相结合正是传统文化特色所在。

中国古代的文远远超出了文学范畴，是一个庞大而独立的大乐章，是一个韵

散交替、由文向白的发展历程。从曾经作为先秦典籍的历史散文到春秋战国诸子散文，从楚辞汉赋到魏晋骈体，再从唐宋古文到明清古文余音，文的体例可谓遍及经、史、子、集，也呈现着一朝天子一朝文的阶段性风格特征，并逐步由微言大义、文繁意少的书面语向纯白话通俗化的口语方向演变。

中国古代诗意文化传统，诗文一体，韵散交替，形成了讲究文采、风采、神采的风气。所谓的文辞风采、文采飞扬，就是辞章华美、文意隽永，下笔如有神。中国文化文辞风采，是一种文的自觉，将文章当做经天纬地的大事业，看做是宗天精神的展现——文章本乎天地，阴阳刚柔皆可为美；“学之至善者，神合焉；善而不至者，貌存焉。”（姚鼐）与此同时，形式与内容需要完美结合，中国传统文化自古就强调诗文的教化作用，文以明道（荀子）、文以贯道（韩愈）和文以载道（思想教化、精神弘扬）。“匹夫而为百世师，一言而为天下法。”（苏轼）都体现着文可经邦，武可治国，以及文章天下、天下文章的文武之道。从此，天上人间、荡气回肠的独特文采追求，文以载道的基本精神追求，成为中国传统文化突出风格特色。

中国传统文化的文学艺术，历来都有雅俗两个层面，通俗文化与正统文化本来就是交相辉映的发展历史。就文学而言，诸多原因之中也有口语和书面语之分所致，所谓的雅文化只不过是一种具有文以载道传统和文史风格的冠冕堂皇的书面文化。由俗而雅是源，由雅趋俗是流。俗中求雅、以雅约俗、雅俗结合、由雅向俗，中国传统文化就是在这种雅俗文化的双向互动、交流影响、相辅相成的模式规律中演化发展的。

传统文化中，史志皆不录的神话传说、寓言故事、志怪传奇、话本演义、说唱艺术、明清小说和地方戏曲等通俗文化形式，来自盛行的民间，展现了通俗的魅力。通俗文化中的小说从口语上升为书面语、从诗文结合到雅俗互变、从文言到浅文言和白话的巨大文化演变对整个文学艺术的发展产生了里程碑式的重大影响。

传统文化中的小说源流概括来论，应以口耳相传时代的神话为渊源，经历代名不副实的发展，至唐宋传奇话本、评书演义等才名实同归，明清时最为名副其实，形成了用评书、说唱、演义的方式表现的讲史演义（通俗演义、英雄传奇）、神怪小说（《西游记》、《封神演义》）、公案小说（侠义类）和言情小说（才子佳人）诸大类别，并以《三国演义》、《水浒传》、《西游记》、《红楼梦》四大名著为标志，再加上《金瓶梅》、“三言二拍”、《儒林外史》等，较全面地展现了古代文化的传统特色，全面反映了古典小说的创作成就，古典小说发展终至顶峰。

文学不是创造故事，实质上是创造文化。不仅仅具有文学意义，而且具有深远的思想文化意义。通俗文化并不就是民间文化，本质上说，真正的民族的文化，应该是走向民间或民众参与的文化，因为更加生动地反映了民生，并敏感地反映了社会发展历史演进的广度与深度，所以是具有社会进步意义的文化。

通俗文化的最后成果是武侠小说，尽管武侠文化作品并没有从根本上参透神秘主义的宗天精神，但还是因为传统文化精神思想产生的吸引力，通俗文化发展出武侠文化，可以说是给中国传统文化飘逸与梦幻的文学精神创造了一个很精彩恰当的尾声。武侠文化特色在神奇与超越，特别是武侠小说将江湖传奇、历史风云、绝世武功、侠义柔情与民族文化传统和人生哲学融为一炉，在叹为观止的美丑善恶角色辨别中，满足了读者精神英雄的悲壮与潇洒心理，使武侠小说的可读性和文化品位都得到了提升。在所谓新文化从内容到形式都缺乏吸引力创造创新经典作品的情况下，武侠小说成为受大众欢迎喜爱的通俗文化流行形式不足为奇。

中国古代艺术在宗天精神的展示上，比文学则是有过之而无不及。包括书法篆刻、绘画雕塑、陶艺建筑、工艺美术等在内的传统文化诸艺术门类形式，其独特之处都在于，不仅讲求书画同源、线画结合、诗画一体，而且追求写意传神、神采飘逸、形神兼备、自然天成。

书法篆刻是中华民族风采独具的可与绘画媲美的本源性传统艺术。早在殷商甲骨文时代，汉字就已经具备用笔、结字和章法的书法三要素，从表意文字认知工具变为象形艺术的艺术文字。这是世界古代文明发展史上绝无仅有的范例。书法是语言文字的艺术，而语言决定世界。汉语使中国人形象思维发达，善于由宏观入微观，充满感受性和体验的精神，真实体现了其辩证逻辑思维特征，全面反映了东西方不同的思维模式。

中国传统文化是极富现实主义理性特色的，但中国古代绘画雕塑、工艺美术等却是写意大于写实的。美术作为创作精神文化产品的艺术形式，是文化思想、思维方式的具体体现，本质上展现着民族文化的精神信仰。中国古代人生哲学的宗天精神传统在艺术领域体现得较为充分：不是单纯地模仿自然、描摹事物，而是讲求笔墨丹青，形神颐指，追求形神兼备、自然天成、超然脱俗的境界。

中国绘画独特技巧的源流，走过了从史前绘画模仿自然描摹人物，到物我两忘、形神兼备风格历程。原始宗教时代是传统文化的形成时期，宗天精神下的观象取意、以意取象文化传统，开始影响从原始洞画和岩画，彩陶、黑陶到青铜器等工艺礼器的艺术表现。先秦时期在继承、发展和创新的基础上，完成了东方思维模式思想文化理论体系与制度建设。秦汉时期代表了文化艺术思想演变特点，奠定了以线为主、形神兼备和气势恢弘、雄大古朴的民族美术主体风格特色，影响深远。魏晋南北朝时期是划时代发展阶段，开始追求相对独立的审美价值和艺术规律。丹青妙笔，传神写照，尽在阿堵之中，美术的各种技巧、法式的完善与绘画理论体系逐渐成形，完善了民族文化理论体系。从唐代到宋代，中国画完成了从技巧完善、手法尝试到题材发掘等全方位的发展定型，绘画成就达到了举世无双的高度。宋元美术实现了由刚向柔的转变，社会风俗、宗教绘画，特别是山水花鸟绘画成就，使传统美术风格技法在绘画领域达到了艺术顶峰。明清山水工笔、水墨写意和在美术理论上的集大成，使传统美术重新进入繁荣鼎盛时期。除此之外，中国传统文化艺术中还创造出陶艺建筑、工艺美术和弈林博艺等诸多丰富多彩的艺术表现形式。

东西方不同的思维模式产生了不同风格的文化，中西美学观的差异导致了文化发展上的差异。中西美术理论自成体系，艺术风格各树一帜。中国绘画艺术是中国传统文化的表现形式，宗天精神和儒释道哲学思想的深刻影响使得其形成独特的艺术品性。中西古代绘画虽然都遵循艺术规律，但中国画的笔墨写意，西方绘画的油画写生，是农耕文明和商业文明两种文化传统在绘画艺术上的最大不同。中国画着重描绘，描摹物象，写意传神，着重表现悟性心灵情感，追求形神兼备、自然天成；西洋画则强调塑造，理性透视，还原自然，着重表现知性哲理，追求逼真写实，惟妙惟肖。书画同源的文化共生的现象，使中国笔墨文化笔精墨妙，在艺术形象刻画与思维表达上都更为生动、形象、深刻、逼真，从中得到的审美享受更高。

近代以来，中国传统艺术曾经在西学东渐的浪潮冲击下茫然不知所措，也曾不得不进行过系列的文化革新甚至尝试革命，试图努力寻求东西方艺术与文化传统的结合点和融合点。中国传统艺术面临着如何以自己的博大包融，从容面对综合与创新中创造新文化的趋势。毫无疑问，东西方文化不同模式的交流与交融，确实有推动人类文化发展进步的互补作用，然而，精神思想是文化发展的灵魂，决定着文化发展的走向；当具有中国特色思想性、创造性的中国精神真正树立之时，中国文化风采进入世界民族之林，将成为时代历史的必然。

卷五

民族振兴

——中国人的现代走向

人类各民族从原始时代开始形成的文化传统，往往决定了其智慧传统，影响了其文明特色和发展方向。中国文明的宗天文化传统，创造了中华民族悠久历史和灿烂文明，并为人类文明发展作出了独特而卓越的贡献。然而，令人遗憾之处在于，正由于中国是世界文明史中唯一将宗天信仰、天下精神和农业文明保持发展到现代的文明古国，因此，以农为本的经典思想，不但抑制了发达商业文明的产生，而且扼制了科学理论体系的建立，从而不能率先进入工业文明，最终也就难免经历被侵略、被瓜分、被压迫的苦难历程。近代的民族复兴运动，决定着中国的前途和命运，体现着多难兴邦、自强不息。艰难困苦，玉汝于成。新中国的建立，标志着中华民族终于再次屹立于世界民族之林，并重新回到了由中国人写出最精彩的人类文明史新篇章的时候。

第 11 编　文明记忆——曾经的文明古国

迄今为止，人类探索自身与自然的奥秘，主要经历了两种方式，一种是宗教哲学的方式（自然崇拜，神启真理），一种是科学哲学的方式（理性分析，经验实证）。中国传统文化在宗天神学形成前后，曾经有过探求真理的哲学与科学实绩（原始宗教和春秋战国时期），此后就完全是东方思维模式主导下的文明发展特色了。从天朝天下的中国，最后沦为近代苦难的中国，既有真理追求模式的原因，也有经济需求模式的原因，更有制度文明模式的原因。面对未来人类文明发展大趋势，中国文化如若能将宗天神学伦理系统转变为神往科学规律真理追求系统，也就不会再有不能产生科学理论体系的疑问和遗憾了。

31. 智慧传统——中华文明的魅力

人类从远古走来，凭借着万物之灵的智慧传承，创造了人类文化传统和文明社会形态。

人类各大文明起源地区的文化传统在史前时代就已经形成，从采集狩猎时代的渔猎技能、火的使用、弓箭的创造和制陶术的发明，到社会大分工阶段的农业、畜牧业和手工业的出现，虽然时间上有先后早晚差别，但都经历了大致相同的发明创造历史。进入以文字产生为标志的文明时代后，由于不同地域不同民族以及发展历程和程度的差异，在宗教、哲学、文字、文学和艺术等人文领域，各大文明都形成了自己的思维模式和发展特色。文化传统往往决定着智慧传统，文化的形成方式影响其文明的产生方式，不同的智慧传统，其发明创造都呈现出不同的智慧风格，因此产生了各大文明体系，创造出灿烂多彩的人类文明。

中国作为当之无愧的文明古国，不仅是因为历史悠久、文明灿烂，拥有着与其他各大文明古国一样的文明发展历程，而且是因为中国文明拥有着独立的文明发展体系、独具特色的发明创造成果以及对人类文明的独特贡献。中国文明的智慧传统，源于宗天文化传统，崇拜自然、顺应自然的东方思维模式，使其发明创造传统显示出注重经验传授和实用技术两大突出特点，在数千年的发展中，建立了经典的农业文明体系，成就了古老悠久并独树一帜的人文制度，产生了丰富多彩的自然发现，发明了精湛实用的科学技术，铜铁、陶瓷、丝织、土木建筑四大技术登峰造极，造纸术、印刷术、指南针、火药四大发明影响深远，不论是在自然科学还是在人文社会科学，都为人类文明发展作出了诸多贡献。

中国文明所建立的经典农业文明体系，不但围绕农业文明社会生活，较早创造产生了农技农学，还较早创造了独具特色的天文地理学、数学物理学和中医药学。中国是天文学古国，古代天文学包括阴阳历法的制定、天象观测、天文仪器制造和使用，以及构造宇宙理论等等，成就辉煌；中国古代的地理学著作种类繁多，作用广泛。中国是数学古国，商代甲骨文十进制计数法，筹算，算盘的故乡等都闻名于世；古代数学被称为算学，《周髀算经》是现存最古老数学著作，记载勾股弦（毕达哥拉斯定理）算法的《九章算术》标志着我国古代数学体系的初步形成。中国是中医药学的祖源国，从伏羲制九针（针灸疗法）到神农尝百草，再到扁鹊起死回生和明代李时珍的《本草纲目》，不论是在医学内科、外科，还是在药学、针灸等各领域，名医名书层出不穷，而中医中药防病治病的实践技术是其对世界最伟大的贡献，至今仍然在发挥重要作用。

中国文明传统智慧特点，就是中国古代科学技术突出特点：注重经验总结与传授，注重实用技术发明和运用——仅仅是物理性研究掌握和经验传授性质，不是真理性研究探索性质（经验性质的天文学、数学、物理学、化学和应用科技形式，而非理论探索），这使得中国古代发明创造集中在自然科学原初知识的掌握和应

用工程技术制造两大方面，并形成独立科技发展体系。

中国文明有着强大的实用技术创造能力，不但较早创造了独具特色的陶瓷技术、丝织技术和冶金技术，而且拥有卓越的造船技术、建筑技术和工程制造技术等，因其文明贡献都闻名遐迩，魅力永恒。

陶瓷技术。中国人是玩泥巴的，与丝织一粗一细，都炉火纯青、登峰造极。由于古代城邦化进程，由于大一统，更由于文化追求等原因，中国人对泥巴比对石头更感兴趣。中国是世界著名的瓷器王国（其英文名称 China 有此含义）。原始时代中国发达的玉器、漆艺（古称髹饰）制作技术和文化（中国是漆树的原生地，使得其漆器与漆艺有很高水平，并传播到周边国家和世界各地），对后来中国成为瓷器制作的母国是有文化传统影响的。原始瓷早在商代便已出现，夏商釉陶，瓷器，青瓷，釉瓷，青瓷烧制技艺至东汉趋于定型。之后，历唐宋至明清，唐三彩，宋除青瓷、白瓷、黑瓷之外的彩瓷，各类精彩纷呈的瓷器，不但是皇宫内院的用品，也是寻常百姓的居家必用之物。欧洲真正掌握造瓷器技术是在 18 世纪。

丝织技术。中国是最早养蚕、桑丝和织造丝绸的国家。传说蚕桑丝织原始纺织技术是由黄帝的妻子嫘祖发明的，后人把她奉为蚕神，尊称之为先蚕。数千年前的殷商时期就开始养蚕和织丝，周代出现官办丝织业，有了发达的养蚕和丝织业。汉代丝织技术已经达到很高水平。唐代以后，由北而南，江南丝织业迅速发展，包括染色、印花和纺织机械等丝织技术，宋代发展出了织锦和缂丝，元代的织金锦，明清两代的妆花。苏锡常、杭嘉湖等环太湖地区借养蚕、缫丝、丝织成为富庶之地，清代三大织造就设在江宁、苏州和杭州。美丽的丝织品是中国人的光辉发明和创造，也影响了中国文化特色传统，那绫罗绸缎所妆就的霓裳歌舞，生动体现了中国传统文化天上人间理想仙境追求。丝绸、养蚕与丝织技术通过著名的丝绸之路等渠道，相继传到世界各地。

金属冶铸技术。中国的青铜文明和钢铁文明都曾创造了辉煌的成就并自成体系。先秦矿师和铸师就率先发明具原创性的冶炼工艺，分铸法、失模法等技艺，商周时期是青铜器极盛时代，不仅有青铜农具等生产工具，而且还有祭祀礼器和大量兵器，这些先进冶铜技术为冶铁技术快速发展创造了条件。中国古代早在公元前 5 世纪就发明了冶炼和铸造生铁技术，以生铁冶铸为基础，发展出了一整套独特而且先进的钢铁冶炼和加工工艺，诸如铁范铸造、铸铁柔化术、炒铁、灌钢等，达到了相当高的水平，取得了位居世界前列的成就，为古代社会、经济、文化发展奠定了技术、物质基础。

航海造船技术。中国文明有着悠久而光辉的造船和航海历史，不但有独特的航海短程和造船技能，而且在船舶质量和数量以及航海技术上，都曾经居于世界前列（如橹、舵、帆、水密隔舱和楼船、车船、海船、宝船及测向与导航等）。中国文明的诸多发明创造，使造船技术领先世界。明代中国开始走向海洋，中国文化传统早就决定了其只是去炫耀天朝皇威，而不会是一个殖民掠夺的国度。

土木建筑技术。中国人善于土木技术，一个泥巴，一个木材，技艺可谓炉火纯青、登峰造极。中国文明的特色在土木，不是因为对石器时代太过悲伤，而是因为融合性民族与农业文明特点所致，也是文化传统的必然。较少面临残酷的民族征战和宗教需求而要以石砌建筑为主，自然农业重视土木的传统，文化上的天地精神和安居乐业的传统——只是，考古遗存大概也因为土木的易毁坏。中国古代土木建筑工程特色和工艺特色是土木砖瓦和陶瓷琉璃。结构上有土木建筑、木石建筑、石砌建筑，砖瓦结构也堪比石砌，并且结构营造技艺炉火纯青，如阿房宫就是全部的木结构建筑。

工程制造技术。由于发明创造传统和制造工艺技术积淀，中国古代在大型工程建造方面成就突出，形成了独特的营造法式，具有匠心独运、巧夺天工和移天缩地于一方的工程制造能力。诸如万里长城、秦兵马俑、桥梁城堡、塔寺庙宇、宫殿园林和江河干渠、深井开凿、山岭通道，以及贯通南北的京杭大运河和江河湖海堤防工程等等，均具有世界影响。

中国古代的指南针、造纸术、印刷术、火药四大发明创造，因为其在推动人类文明科学进步过程中的巨大作用，以及所产生的世界级的贡献与影响，首先由西方总结出来并将之作为中国是世界文明古国的重要标志，而这四大发明也确实曾经东学西游，并推动或促进了西方科技思想发展，甚至因此推动改变了世界面貌。

中国古代科学技术发明创造成就斐然，是中国文明光辉灿烂的篇章，诸多具有原创性的科学发明与发现，因其对文明进程所起的推动作用，在人类文明史上产生了重要意义和影响。与此同时，作为世界文明古国，中国文明的成就又是多方面的，包括中央集权统一王朝的科举制和文武官制度、政治法律、经济货币商贸和军事与外交智慧，以及典雅完美的诗歌、哲学和绘画、手工艺等在内的人文历史和制度文明，因其创造了繁荣发展的黄金时代，同样展现出一个悠久东方古国的伟大文明和巨大贡献。

阿拉伯世界有句名言：“希腊人只有一只眼睛，唯有中国人才有两只眼睛。”意思是相比于希腊文化只重视哲学逻辑和科学理性，中国文明则既有经验科学又有实用工程技术创造，中国人发现了更多的真理、技术，发明了更多的艺术。“如果希腊是正常儿童，中国则是早熟儿童。”（马克思）尽管西方文明也以自己的文化模式创造过辉煌，中国文明只是按自己的文化模式发展到了巅峰状态，但人类文明15世纪以前仍然是以中国文明为标志的。直至18世纪，中国人毫不怀疑，刚刚从中世纪走出的欧洲人都是野蛮人，而认为自己是最优雅、最文明的民族。

中华文明源远流长，其最大特点就是为人类文明发展贡献了独特的东方模式。绵延不断的智慧传统，是文明发展最牢固的思想文化基础，而政治上巩固的多民族统一中央集权国家，经济上高度繁荣的封建经济，各民族间的融合及频繁的中外往来，为文明发展创造了条件。中国文明的特色推动了数千年发展历史进程，不但最早独立完成了文明圈中心体系建设，而且以其具有促进人类文明发展重要价值和意义的东方智慧模式，影响了东西方发展。欧洲文艺复兴之前，东方中国宗天文化（而不是所谓的儒家文化）与基督教文化、伊斯兰教文化等世界三大文化圈已经形成。

32. 苦难中华——文明古国的衰落

人类历史进入16、17世纪之交，西方文明开始以前所未有的速度发展，殖民扩张、贪婪掠夺，已经扩展到了除中国以外的世界大部分地区，而此时的中国封建王朝，并不知道人类社会即将面临的翻天覆地的巨变，还陶醉在盛世余波中的虚幻繁华景象之下，歌舞升平地进行着自身历史周期律的盛衰大循环。终于，海外殖民主义的坚船利炮，敲开了泱泱大国封闭的国门。

从1840年鸦片战争起，到1945年抗战胜利前，短短的一百多年时间，古老的中国就从东方天朝泱泱大国，江河日下地沦落为半殖民地半封建的积贫积弱、摇摇欲坠的国度。1840年鸦片战争，开启了近代帝国主义列强侵略中国的罪恶历史，同时也开始了让中国人永远都铭心刻骨的国家耻辱和民族苦难的历史。从第一次鸦片战争开始，英法美列强先后侵略中国。清政府在列强炮舰政策的胁迫下签订了一系列丧权辱国条约，从而导致了近代帝国主义与中国不平等条约体系架构的形成——以通商为名，行侵略之实，进行割地赔款，中国半殖民地半封建社会的历史就此开始。历史就是这样残酷，当西方八国联军耀武扬威地占领了中国首都之时，苦难深重的中国在帝国主义血腥刺刀之下，带着难言的耻辱进入了20世纪。

1905年的日俄战争，是在中国土地上进行的侵略者之间的利益之争。东方的日本帝国，已经不满足于跟随西方列强的蚕食瓜分，而要一步步地独占中国。在通过日俄战争控制了“南满”之后，又趁一战结束之机，利用中日“二十一条”妄图霸占青岛，使战胜国中国再受屈辱。紧接着，1931 年九一八事变，日本侵略并占据东北，扶植伪满洲国。1937 年卢沟桥事变，日本帝国主义直接全面侵华，侵占中国大片国土，妄图建立东方日不落帝国。帝国主义列强通过不断发动侵华战争，迫使清政府签订一系列丧权辱国的不平等条约竟达 300 多份，从而操纵了中国的财政、经济、军事、文化，日益成为统治中国、阻碍中国独立发展的决定性因素，使中国本来已经落后的政治、经济、文化更加落后，因此成为近代中国一切灾难和祸害的总根源。

国家民族苦难，莫过于国破家亡、民族沦落。帝国主义侵略瓜分压榨下的半封建半殖民地的中国社会，政治、经济和文化的发展极端不平衡。封建势力和帝国主义侵略势力狼狈为奸，互相勾结，是近代中国最反动、最腐朽的力量，成为帝国主义统治和奴役中国的帮凶和走狗。中国人民不仅受帝国主义和封建主义的双重压迫，而且还受官僚买办资产阶级的剥削和压迫。他们过着饥寒交迫和毫无政治权利的生活，处于水深火热之中，所遭受的苦难比之历史上任何民族的磨难更甚。中国人民的贫困和不自由程度是世界上罕见的。

帝国主义的侵略给古老的中国造成了翻天覆地的巨大影响，不论是天朝天子天下江山政治制度，还是国家社会经济结构以及文化思想传统，都受到了史无前例的强烈冲击。对此，中国人不能不深刻反思：一个有着数千年历史的古老国度，一个以天下为疆域的中央天朝，一个以文明恩惠四海的泱泱大国，何以顷刻倒塌，一朝沦落，这样快就陷入国家危亡的苦难之中呢?

尽管我们可以找到诸多外在因素，但最根本的原因还是要从东方文明自身的特点中去寻找。

首先，帝国主义侵略，打破了天朝江山、泱泱大国神话，惊醒了中国人的天下梦，标志着中国传统文化天下观念的破灭。

由于传统文化的宗天思想，中国自古以来天下精神与天朝江山思想，天下家国的观念根深蒂固。天朝天子君权神授，代表上天治理以神州大地华夏中国为中心的天下江山，围绕这一中央之国的普天之下，都是泱泱天朝的藩邦属国，即使边远蛮夷之邦，也皇恩浩荡，都视为天子臣民，而不是民族国家关系，往往格外恩泽有加，以此怀德服远。

中国历史上的朝代更替历史大循环，主要是游牧与农耕的交替入主，属于天朝天下疆域内的民族竞争，结果总是政治、经济、文化、历史的大统一，成为血脉相通历史的延续与发展，统一王朝的天朝天子最终还是会以宗天精神固守天下家国观念。统一时间越久，民族融合程度就越高，天下家国观念就越会得到强化。天朝天下与民族国家最大的不同，也正是因为天下观念大于民族观念，避免了单一民族的狭隘偏执和利益之争，中央大国的胸怀坦荡使之成为最少偏见的国度。然而，以天朝天下、泱泱大国自居，以君主国地位看天下，必然导致盲目自大、一厢情愿。例如，虽然传统意义上的天下是整个世界，但所谓的天朝天子天下江山实际上仅在中国及其周边，与真正西方关系不大。

中国传统的天下观念在与西方民族国家观念的碰撞中，被西方列强的炮火炸得粉碎。鸦片战争之后，天朝大国的神话破灭，国家地位也走向另一个极端。中国似乎大梦初醒：天下不只是中国，中国也不再是天下之中心，天下是民族国家的天下，蛮夷藩邦不再是臣民而是外国列强，中央之国只是帝国主义列强刀俎下的鱼肉。泱泱大国不但不能再居高临下，而且想跟各民族国家平等交往也不可得。列强早已依据实力将世界分裂成了等级公民，中国不在有待遇等级之列，弱国无外交。

与历史上游牧农耕历史循环性质有所不同，外强侵略造成了中华民族前所未有的亡国灭种危机和国家民族灾难，半封建半殖民地国家开始了割地赔款、丧权辱国的历史。国家被瓜分，领土被分割，主权被剥夺，资源被攫取，财富被掠夺。国家破亡，生灵涂炭，百业凋敝，民生沦落，如此等等，不能尽数。显然，在帝国主义列强肆虐的天下，如果不能实现民族独立、国家解放，就只能面临被侵略瓜分奴役的屈辱结局。

鸦片战争开启了中国近代史，同时也揭开了亚洲近代史的序幕。因为，鸦片战争不仅使中国的天朝大国地位轰然倒地，而且引起了整个亚洲的震动，泱泱大国昔日风光不再，各附属国再难以宗主国的眼光看待中国，纷纷重新选择自己的前途。

其次，帝国主义侵略，打碎了中国人的农耕田园社会理想，东西方两种文明的冲突，标志着中国传统农业文明走向了末路。

毫无疑问，农业文明对人类发展进步的贡献是难以估量的，包括黄河长江文明、两河流域文明、尼罗河文明和印度河文明等大河文明，都对人类文明的发展作出了卓越的贡献。中华民族作为世界上最勤劳善良的民族也应该是当之无愧的。因为非如此就不能承担千百年来沉重农业生产压力，就难以把古老国度的农业文明发展到如此巅峰状态。但是，农业文明的根本性和连续性，却反而成了中国文明没有走向商业文明并进而走向工业文明的深层次原因之一。从生产力发展水平标准看，人类社会文明发展历史和规律是一个由低级到高级的发展过程，分别应

该经历原始社会（采集渔猎、用火知识、部落生活、简单工具、制陶术、刀耕火种等史前时代）、农业社会（文字记载、青铜冶铁、耜耕犁耕和游牧畜牧业、手工业作坊）、商业社会（城邦社会、铜铁冶炼、商业贸易、文化传播）和工业社会（包括机器时代、电器时代、信息时代）四个主要社会形态，其中，农业文明是商业文明的前提，商业文明则是工业文明的前奏，工业文明必须在高度发达的商业文明基础上才能产生。

与此同时，中国历史上的朝代更替，主要是游牧农耕经济模式的自体简单循环重复，不但没有异质文明的根本改变，还往往将历史循环变成历史周期浩劫，不仅使炎黄华夏世代积累的文明成果频频毁于一旦，同时也扼杀了中华文明几乎所有社会发展的积极因素。趋向衰落的中国文明，与西方差距则越来越大。封建王朝腐朽没落，最终导致天朝天下的分崩离析，终于在近代被西方的炮舰摧毁。

东方文明是古老的农业文明的产物，西方文明则源于悠久的商业文明历史。古希腊时代既能继承创新大河文明，又能在此基础之上建立发展海洋文明，蓝色海洋文明发展主旋律就是商业文明。人类文明交流与传播的结果：博大精深的古希腊文化是商业文明思想基础，悠久的民族国家历史是维护商业联系的最佳利益链条，而西方纷繁复杂的民族社会需求、文化交流影响、贸易往来渠道是商业文明产生最好的温床。西方文明充分具备了适宜商业文明发展的内外基础条件。

西方文明的三大支柱是希腊文化、基督教和工业文明。但是，这三大支柱根本上都出自商业文明。古希腊文化是西方古代海洋文明商业活动的产物，基督教则是在中世纪贸易、城市和商业中兴盛起来的，工业文明则更是在发达的商业文明的基础上发展起来的。因此，西方文明的三大支柱实际上就是商业文明一大支柱，商业文明在西方文明发展史上的地位是极其重要的。西方的兴起，主要在工商业的发展，使整个思想文化、社会结构发生根本的变化。15 至 19 世纪诸多重大文明运动，如文艺复兴（人文主义复兴）、民族国家建立（利益边界划定）、宗教改革（人神关系确立）、科学革命（自然规律科学发现）与启蒙运动（文化思想解放）、工业革命（机器工业，产业化）、美国独立运动（工商法治体制），英国光荣革命（工商本位崛起）与法国大革命（自由法治火炬）等等，一次又一次深刻改变了人类文明的进程，对于塑造电气时代、原子和电子时代的现代西方起着决定性影响（东欧和俄国一直到 19 世纪也没有跟上西方发展步伐，形成两个欧洲）。随着地理大发现和工业革命与帝国主义殖民运动，西方不断向海洋和东方扩大范围。

西方海洋文明的性质，为其走向商业文明创造了天然的条件，西方文明的一

切成果都是海洋文明下的商业文明成果，而西方文明本质上是一种金钱的文明。作为一种异化的文明，它与仓廪实而知礼节、食果腹而知荣辱，没有什么不同——有钱就了不起，这就是它的运行规律；而所谓现代文明，就是工商立国，开拓贸易，以工商利益原则标准走向现代化。资本主义工业社会攫取了全球的资源为自己创造了金钱帝国，然后傲视天下。

中国的农业文明与西方工业文明的交往，只是近代一百多年间的事情，而西方工业发展却已远远超过一百多年了（从 15 世纪以后开始，17 世纪进入高潮，18 和 19 世纪达到高峰）。当西方工业文明如日中天之时，中国仍陷在自身的农业文明历史大循环之中。历史大循环、农业文明大循环、传统文化的大循环——这三大循环使得中国五千年古老文明既光彩夺目又黯然失色。

当历史的脚步进入 15 世纪时，人类社会正在发生着前所未有的巨变。伴随着资本主义的对外扩张和贪婪掠夺，世界逐渐连接在一起，从此，任何国家都无法孤立于世界之外而存在。人类社会的现代化，已经成为不可阻挡的历史潮流，当这股汹涌的浪潮不可阻挡地逼近之时，古老农业文明传统的中国自然无法招架。

再次，帝国主义侵略，打乱了东方宗天神学的神秘主义，东西方思维模式的激烈碰撞，标志着中国传统文化宗天精神面临终结危机。

人类文明在原始宗教时期已经奠定了思想文化基础，由此出发，中西文化源同流异。西方文化经过泛神崇拜和古希腊文化罗马文化洗礼之后，发展出了宗教神学，并形成了以之为主要特色的西方文化思想传统。中国文化则从自然崇拜的传承中不断抽象为宗天神学，形成了自己独特的东方文化思想传统，并且成为唯一将宗天文化传统保持至现代的文明古国。因而，东西方不同的文化思维模式，创造了不同的文明发展方式。东西方文明的一切差别，根源在于东方宗天神学与西方宗教神学的两种不同的真理追求模式的区别。

原始宗教曾经天然地成为真理的化身，因为它曾与哲学和科学纠缠在一起，成为文化思想的源泉，不但是敬畏崇拜寄托，还有神往和超越的一面，能够激发探索真理的勇气，提供理性研究途径和反对宗教的理由。而当哲学和科学独立出来以后，宗教就失去了曾经有过的真理光环，不但不能绝对地产生真理，还会因此产生愚昧。不论是东方宗天神学还是西方宗教神学，都不能创造或产生科学理论与真理。例如，古希腊和中国春秋战国时代，之所以能产生哲学与科学思想理论学说，恰恰是因为没有宗教神学的约束，或冲破了宗天神学的思想束缚才完成的。根本上说，不论产生之前还是产生之后，宗天神学、宗教神学的真正意义都是精神寄托（满足神圣性精神需求）、伦理道德（维护社会道德秩序）与文化思想传递的性质作用，而由于历史原因，正是宗教在保存、传播或者禁忌限制科学与真理方面，起着关键性甚至是决定性作用，从而必然会对人类文明发展历程产生重要影响。

中国传统文化的宗天神学，是一种东方思维模式，天上信仰天下精神是其神学的终极意义和最高追求。在三位一体的宗天神学体系中，皇权宗教是只可意会不可言传的神秘主义，依靠宗天禁忌来垄断或限制宗天神学，这使得世俗宗教的信仰境界只能是哲学心学和道德伦理等文化思想礼教性质，民间宗教则是实用功利性质的多神崇拜，因而就形成了宗天神学神乎其神、哲学与科学无所寄托、追求真理的理性逻辑体系无法建立的局面，从而也就成为缺乏真理追求核心的宗教哲学思想理论体系。

东方思维模式下的宗天神学以神秘和禁忌来维护精神统治地位，传统文化因此呈现世俗性质的灵魂寂寞的哲学思想体系特征。神秘和禁忌是一切宗教神学的法宝，可以冠冕堂皇地掩盖一切疑虑，即使是皇权宗教也只能依据传统进行解释，而无权进行真理理性探究。千百年来，中国文明主要处在农业文明的自给自足的自然经济，经验科学实用性祖传秘方模式，政治统治的皇权体系，社会思想文化的传统自发性质，对外有限开放甚至最后的封闭性质和状态。

中国传统文化宗天神学的神秘禁忌使之愈加至高无上、神秘莫测，天朝治下，重农轻商，清心寡欲，诗礼传家，舍生取义，以确保天下家国长治久安，天朝江山千秋万代，天子天下天长地久。宗天禁忌导致了理性追求的缺失和滞后，发明创造局限于经验科学，不但没有形成真理研究的思想理论体系，反而往往走向谶纬神学和巫术迷信。中国古代文明因此而只能自然发展，周期循环，裹足不前，难以进入科学理论境界，更谈不上对西方文明的领先或超越。

比较东西方文明的发展历程，不难发现思想文化方面的历史差异。东方文明的文化模式在走出原始宗教之后，形成的精神思想发展轨迹是宗天神圣、人神杂糅的真理追求模式体系，而西方文明的文化模式，则是在原始宗教后的神本主义与人本主义的历史循环中（如中世纪前后和文艺复兴前后），最后演化形成了人神分离的精神思想真理追求理论体系，从而为走向现代文明建立了思想理论基础。

近代科学的思想根源来自古希腊。两千多年前希腊人所创造的光辉灿烂的文化成就，为现代文明奠定了基础。希腊是科学精神的发源地。东方人出于实用目的和需要发明了科技，而希腊人却首先给出理性的理解，试图超越具体个别的现象进入一般的认识，这正是希腊思想的特质，也是希腊人对人类文明的独特贡献。西方的理性传统正是来源于这种古希腊精神。希腊人既没有留下造福于后人的伟大工程，也没有做出什么杰出的技术发明，希腊人的创造发明不在物质文明方面而在精神文明方面。希腊人开启了哲学也开启了科学，并在文学历史和艺术等方面也毫不逊色。

西方宗教神学是神秘的，但上帝是可以追求的。西方追求宗教，因为要破解上帝谜题，而包含着哲学科学探索，是为追求上帝天堂而创造的研究方法途径，所以宗教与科学并不矛盾。但是，这只不过是一种精神推动力量，而并不是科学规律所致，因而，追求科学的结果反而证明宗教的虚妄。西方宗教神学也曾处处有禁忌，但在多次血与火的改革后，形成的传统是保存或传播、鼓励激励真理追求及科学理论建树，对科学技术发展有过促进作用。当然，一旦触及根本仍然禁锢，又一定程度上阻碍科技发展。始终在矛盾中发展。

“上帝创造了世界，而牛顿发现了上帝创造世界的方法。”这一欧洲曾经流行的名言，实际上最真切、透彻、直白地说明了宗教与科学的关系。上帝创造了世界只是信仰，而科学才能证明世界是如何创造的。上帝提供了想象空间，成为激励科学的动力，而科学则揭示出了自然规律性，上帝的想象与科学的探索结果可能不同，甚至截然相反，但是，这丝毫不影响激励与探索之间的促进关系。这才是神学与科学相互关系的真谛。以牛顿为代表的近代科学诞生以后，人类社会飞速发展，在资产阶级统治的不到一百年间，所创造的生产力超过了以往历史的总和。在近代科学诞生前的几千年当中，人类的活动基本上遵循生产、技术、科学一个模式，即，凭经验生产，在漫长过程中提炼技术，然后在改进过程中产生科学。经验科学的老路往往将人类导入歧途。正是 17 世纪理性精神的成就，从 17 世纪中期开始，欧洲进入历史上科学鼎盛的时期，近代科学在一批巨人的推动下产生，让牛顿建立起无可怀疑宇宙自然的规律性和人类受规律支配的原理。牛顿科学体系的本质在于，地球和其他天体都按照相同规律运动，并且可以量化计算。牛顿的发现，坚定了人类的信念并给人类带来从未有过的自信。曾经匍匐在上帝脚下的人类，终于大胆地抬起头来，开始用自己理性的眼光打量世界。人类运用了几千年的生产、技术、科学的经验科学模式，革命性地变革成为科学、技术、生产的近代科学模式（理性研究自然规律、科学进行量化分析）。牛顿开启了近代工业革命大门，为 18、19 世纪乃至当今我们诸多科学领域研究铺平了道路。

西方的科学哲学保存在宗教神学体系之中，而中国的宗天神学则将科学哲学排斥在外；宗教神学提供了学习和研究天地，中国书院只能研究神学以下的哲学心学，而不能真正研究哲学科学；西方数千年传颂宗教哲学数理科技文学艺术，中国数千年传颂宗天崇拜经史礼教文学艺术；中国文明曾因统一王朝鼎盛时期悠久，与西方在文明发展上各有千秋，但西方工商文明具有文化的多元性、宗教化，并在不断裂变中发展了科学技术，创造了工业时代，从此超越了中国文明。

人类历史本身是多样化的，并不需要每一个民族都必经每一个历史进程，进步与落后总是相对而言。尽管如此，至鸦片战争之前，以欧洲为代表的西方世界，已经率先结束民族国家改造和建设的历史进程，开始向工业化时代迈进，全球性现代化运动汹涌澎湃，西方殖民主义势力已经能够全球范围内肆意争夺利益和扩张霸权，一场文明发展厄运正向东方逼来。

总之，中国历史上的神秘主义、封建主义和专制主义三大根本危害，使其文明发展囿于宗天神学，缺乏理性传统，陷入历史循环，满足自我封闭，扭曲民族精神，失去海洋商贸，远离文艺复兴，从而不可避免地走向了没落。近代末期，积贫积弱、风雨飘摇的腐朽封建王朝，面对西方文明仍昧于世界大势，不思进取亦无能进取，终于使国家民族陷入被侵略、被奴役的结局，从而导致宗天信仰破灭、天下精神失落、天朝大国沦丧、民族国家危亡的命运。

中华民族到了最危险的时候，中华民族意识才开始觉醒，近代中国在屈辱彷徨中审视着曾经的中国梦，无数的仁人志士开始寻求民族命运道路，成千上万的优秀儿女不惜抛头颅、洒热血，奋起挽救苦难深重的危亡中的祖国，中华民族由此走上文明古国的复兴之路，开始了近代百余年艰苦卓绝的伟大复兴历史。

现代著名诗人艾青以那脍炙人口的诗句告诉人们一个简单而又深刻的道理：为什么我的眼里常含泪水？因为我对这片土地爱得深沉。

第 12 编　中华崛起——中国人的文艺复兴

近代和现代中国的民族振兴是与宗教革命、文化革新和科学民主同时进行的，只是最初阶段建立新型共和国的道路似乎特别艰难，各种改良、革新、革命等运动，或者不够彻底，或者有所缺失，或者远未成功，因为器物、制度、文化的不足，目标目的均未实现。于是，打倒了皇权宗教，却失去了精神支柱；提倡民主与科学，但缺少文化思想基础；阻断了历史大循环，难免改朝换代；文化上革了命，思想上还是旧传统，诸如此类，不胜枚举。最终还是依靠新中国的建立，以及异常艰难曲折的社会主义建设，才实现了民主科学强国梦。现代中国的历史使命仍然有待于进一步完成，中国特色的文化思想理论体系，只有与人类共同理想追求更加紧密结合，才能充分展示中华民族厚德载物、自强不息的民族精神和其东方思维模式真理追求体系的本质特征，从而成为公认的有益于人类文明发展的普世价值体系。

33. 光明中国——民族复兴运动

1840年鸦片战争之后，中国人民就开始了近代一百多年的民族独立与解放道路的艰难探索。对于中国而言，由鸦片战争开始的近代一百多年来的探索道路，既是一个从突然退出天下中心，茫然不知所措，到渐进争取天下地位的过程，也是一个将天朝天下改造成为民族国家的历程，既是一个实现中国人强国梦的过程，也是一个企图逐步再造天下中心的过程。

鸦片战争开始了中国人的强国梦想。一百多年来的复兴之路就是追赶与重建。中国人在列强的侵略中实现了民族觉醒，也在国家民族危亡的痛苦屈辱与艰难困苦中苦苦寻找着救国的真理，探寻着强国的道路。爱国、呐喊、追寻、抗争，是那个时代的标志；而能够充分体现近代以来中华民族探索复兴解放道路艰难曲折历程的鲜明历史事件，主要有太平天国运动、洋务运动、戊戌维新运动、辛亥革命、五四运动、国共合作北伐和抗日救亡战争，以及国共两党在建国前后的事关中国前途命运的大决战等等。

太平天国运动是中国历史上最后一次沿用农民起义模式进行改朝换代的尝试，但性质却是一场反抗封建王朝和帝国主义侵略意识格外强烈的农民运动。这场运动所存在的本质缺陷，证明了其根本上是远离近代民族解放和国家独立的时代文明潮流的，因而这一运动的失败，实际上是特别宣告了由农民领导的妄想建立新王朝的旧式中国农民革命及其历史大循环的结束。当然，作为中国历史上最后一次农民运动，太平天国运动也是规模最大、时间最长、水平最高的农民运动，对近代反帝反封建斗争的影响极其深远，不但直接影响了洋务运动，还影响了后来的义和团运动。同时，因为从根本上动摇了清王朝统治，也为后来的辛亥革命铺平了道路。其所展示的中华民族数千年不屈不挠顽强斗争的精神，也激励着近代中国人民继续为民族独立和解放而奋斗。

洋务运动与太平天国运动几乎是相伴而生，它充分利用了清政府和列强急于绞杀起义与维护自身利益的机会，试图在中体西用思想下，借此争取民族自强和国家平等地位。

面对内忧外患，朝廷的政策是“宁与外夷不与家奴”和“攘外必先安内”。因为镇压太平天国运动的需要，中外反动势力暂时结合，列强允许清廷借师助剿，引进坚船利炮等；而清廷以汉制汉，利用汉族官员镇压农民运动，意外地使汉人官员逐渐成为朝中支柱，也成为洋务的主力。这种中外结合和满汉结合，共同维护旧王朝的意愿，就促成了洋务运动。

洋务运动是外国资本主义侵略者对华政策变化的产物，是清朝政府买办化的必然结果，因此具有封建性、买办性和腐朽性。沿用的是封建家长制，发展的是官商体制，所创办的军事工业不过是外国军火工厂的买办性附庸，这样，洋务运动不但难以发展中国民族资本主义，也不能真正使中国富裕强大。中法战争和中日甲午战争的失败，宣告了求强求富运动的破产，标志着洋务运动的失败，从而说明了简单地师夷之技并不能制夷，中国不仅仅是技不如人，强国之路上还有着更深层次的矛盾和问题。

戊戌维新运动由清宫廷内部发起，试图将封建旧体制一举改变为君主立宪体制，从而实现自强以恢复旧日大国王朝。直接的例子就是像日本一样通过明治维新而达到君主立宪和强国目标。然而，国情诸多不同，使得中国不会成为日本。这场维新改良运动目的虽然是在试图通过仿效外夷重振天朝，却不过百日即告失败。清王朝的悲剧性就在于，其所要追求的民族自强、国家独立的既定目标，只有结束其封建王朝自身命运退出历史舞台，才能得到真正实现。

戊戌维新运动是对清王朝命运的最后一次告警，因而尽管百日维新运动失败，其相应的改良措施还是一定程度上得到了实施。改良派的君主立宪运动的重要成果，是促进了近代中国合法化政党的出现，表明以立宪派为代表的精英群体政治觉悟的提高和民主意识的增长，为民初政党建设和政党政治活动奠定了一定的思想和组织基础，提供了有益的经验。当然，清末立宪政党的种种弊端及其艰难生存的境况，也预示了政党及政党政治在近代中国尴尬的历史命运。

从鸦片战争到甲午战争，清王朝一败再败，帝国主义列强侵略日甚，国家苦难深重，人民处于水深火热之中，终于激发起清末群众性的义和团反帝爱国运动。这是甲午战争后中国人民反瓜分、反侵略斗争的发展，又是长期以来遍及全国各地反教会斗争的总爆发。

在改良派君主立宪运动进行的同时，革命派的民主共和运动也风起云涌。当洋务运动、戊戌维新运动和义和团运动等相继宣告失败之后，同时也就证明了改良与革新都不可能从根本上改变中国，要实现振兴中华强国梦想，也就只有革命一条道路了。

辛亥革命名义上是要驱除鞑虏、恢复中华，建立民主政体，实现民族共和，其区别于历史上旧式农民起义改朝换代的重要之处，是想要实现民族国家的目标。要实现中央天朝向民族国家的转变，通过舶来的政治理念、引进的议会制，实行政党轮替，建立共和制国家，以此变成屹立世界民族之林的泱泱大国。这是晚于欧洲四百年才开始的民族国家建设进程。

孙中山领导的辛亥革命是旧民主主义革命的最高潮，是比较完全意义上的资产阶级民主革命。在政治上，它联合袁世凯，迫使清廷逊位，宣告了统治中国268年的专制王朝的覆亡，中国最后一个封建王朝终于退出了历史舞台，结束了两千多年的中国封建帝制，建立了中华民国，使民主共和的观念深入人心，极大地解放了人们的思想，民主主义成为不可抗拒的潮流。在经济上，则最明确引导中国走向近代文明，其后出现了中国民族资本发展的“黄金时代”，促进了中国资本主义的发展。在思想文化上，从忠君爱国走向革命救国，极大地推动了中华民族的思想解放；同时推动了新文化运动的产生。辛亥革命因为丰功伟绩千秋永在，具有极高的历史地位。

辛亥革命颇具戏剧性的结果，是革命之后所换来的中华民国，最终为袁世凯所窃取。随后袁世凯皇帝梦未成而在全国人民的唾骂声中死去，政权最后落到了北洋军阀派系手中，民国成了新一轮的改朝换代，只剩一块共和国招牌，封建专制实质与此前相比有过之而无不及。孙中山叹为：有民国之名，而无民国之实，辛亥之结果，清帝退位而止。这样的结局使孙中山痛切感觉革命并未成功，愤而组织二次革命，讨袁护法。此后，随着资产阶级革命派继续奋斗的失败，中国历史逐渐沉沦于北洋军阀统治的黑暗时代。

辛亥革命的失败代表了旧民主主义革命的末路，一系列反抗帝国主义和封建主义奴役压迫的民族国家革命斗争，尽管浴血奋战，前仆后继，不屈不挠，英勇奋斗，但都未能摆脱帝国主义和封建主义压迫的悲惨境地，帝国主义在中国的势力也没有受到根本削弱。辛亥革命的失败历史地证明，中国民族资产阶级不可能领导中国民主革命取得彻底胜利，在帝国主义时代，在半封建半殖民地的中国，资产阶级共和国的道路走不通，这是历史作出的客观结论。

五四运动前后，主要是1915年至1923年，在袁世凯和北洋军阀统治时期，由于军阀割据，政局混乱，政府对人们的思想控制较松，这一时期因为对辛亥革命经验教训的总结与反思，也是因认识到器物、制度、文化不足之后寻找新的革命道路的需要，由中国文化界中一群受过西方教育的知识分子发起了一场崇尚民主科学、反对专制愚昧、猛烈抨击几千年封建思想的文化启蒙运动，亦即新文化运动。

新文化运动是中国近代史上一次空前的思想解放运动。它新就新在“四个提倡、四个反对”，即，提倡民主，反对专制；提倡科学，反对愚昧；提倡新道德，反对旧道德；提倡新文学，反对旧文学。民主与科学被称为德先生（Democracy）、赛先生（Science），分别是指民主思想、民主政治和近代自然科学法则与科学精神。作为一次彻底的反封建的从根本上改造国民性的思想革命，新文化运动的前期，实质上是旧资产阶级民主主义的文化运动，是资产阶级的新文化反对封建旧文化的斗争，宣扬西方民主科学，反对封建专制，打倒“孔家店”（封建专制理论支柱儒家思想）。新文化运动后期，则是新的资产阶级民主主义的文化运动，出现思想自由解放潮流，诸如资产阶级民主、自由、天赋人权、法制思想和马克思主义思想等西方文化思潮，在中国都得到广泛的传播，促进了中国人民的觉醒。

新文化运动是一次前所未有的思想解放和启蒙运动，使中国知识分子受到一次西方民主和科学思想的洗礼，沟通了东西方思想，促进了文化交流，封建思想遭到前所未有的冲击批判，打破了封建旧文化的统治地位，人们的思想得到空前的解放。民主和科学思想的弘扬，推动了中国自然科学事业的发展。白话文运动，使语言和文字更紧密地统一起来，有利于进一步启迪民智，普及与繁荣文化。新文化运动传播了新思潮，成为一大批关心国事、图存图强先进知识分子拯救国家、改造社会和推进革命的思想武器。

还在新文化运动进行期间，俄国爆发了震动世界的十月社会主义革命——1917年11月7日(俄历10月25日)，俄国的工人、士兵和农民在布尔什维克的领导下，继二月革命推翻沙皇统治之后，又推翻了资产阶级的临时政府，建立了无产阶级专政的国家政权，取得了社会主义革命的胜利。俄国十月革命的胜利，震惊了全世界，也唤醒了中国人，给中国人送来了马克思列宁主义，给正在苦闷中摸索、在黑暗里苦斗的中国人指明了一条新的出路。中国的先进分子开始重新考虑自己的问题——走俄国人的路，用无产阶级的宇宙观作为观察国家命运的工具，这就是结论。

由于第一次世界大战后帝国主义加紧对中国的侵略，北洋军阀政府又对外屈膝投降，对内残酷压迫，造成严重的民族危机，巴黎和会上中国外交的失败，成为五四爱国运动爆发的导火索，一场新的中华民族的救亡图存运动开始了。

五四运动作为一场彻底的不妥协的反帝反封建的爱国革命运动，开始是具有初步共产主义思想的知识分子与小资产阶级知识分子和资产阶级知识分子组成的爱国统一战线，指导运动的是马克思主义，而不是旧民主主义；后来向广度深度发展，成为全国规模的工人阶级、小资产阶级和民族资产阶级的统一战线爱国革命运动，中国工人阶级作为一支独立的政治力量登上了政治历史舞台，促进了马克思主义与中国工人运动相结合，是斗争取得胜利的决定因素。理论在一个国家实现的程度，总是决定于理论满足这个国家的需要的程度。马克思主义之所以能在中国得到广泛传播，从根本上说，是适应了中国革命客观需要。五四运动是中国新民主主义革命的伟大开端，此后，中国无产阶级及其政党登上了中国政治舞台，并找到了正确的救亡图存革命道路。

五四运动中传播了十月革命，而伴随十月革命而来的，还有《国际歌》。国际无产阶级革命运动初起之时诞生的《国际歌》，坚信着“英特纳雄耐尔就一定要实现！”这既是巴黎公社时期的“英特纳雄耐尔”，也是马克思列宁共产国际时的“英特纳雄耐尔”，既可以是苏联时期的“英特纳雄耐尔”，当然也可以是中国革命时代的“英特纳雄耐尔就一定要实现！”而中国人在失去了天子天朝宗天信仰精神支柱之后，终于找到了与天上信仰天下理想相一致的世俗信仰，解决了精神选择的当务之急。《国际歌》重新唤起了中国人重建中华民族国家的信心，中国先进分子第一次有了政治信仰，因此踊跃为天上人间似的社会主义而前仆后继、英勇献身。

国际共产主义运动，使中国得以引进崭新革命模式、建立崭新革命政党、彻底改造民族和国家。乘着五四运动的东风，1921 年 7 月 1 日中国共产党宣告成立，从此，镰刀斧头组成的巨大党徽，就成为召唤工友、农友奋起斗争的光荣旗帜，从此，革命洪流，汹涌澎湃，星星之火，势成燎原——中国共产党是马克思主义与中国工人运动相结合的产物。它的成立，意味着中国人民的革命斗争在经过了长期艰难曲折的探索之后，终于有了新的领导核心，使中国人民的革命斗争有了科学的指导思想，沟通了中国革命与世界无产阶级革命运动的联系，把中华民族的解放运动同世界无产阶级的社会主义革命运动相联结并成为其一部分。中国革命从此风起云涌，高潮迭起。

中国共产党成立前后，中国政治形势已经是三分天下、南北对峙的局面，北方有北洋政府，南方有革命政府（宁汉分裂前后的武汉政府和南京政府），近代西学东渐，从师夷制夷，到取经东洋，已经发展到以俄为师阶段。中国共产党成立后，根据共产国际指令和中国革命需要，与中国国民党合作，共同开展了国民革命政府打倒北洋政府而统一中国的北伐。1924 年中国国民党改组，实行孙中山“联俄、联共、扶助农工”的新民主主义三大政策，发动和主导了以“打倒列强除军阀”为目标的国民革命。在这场继辛亥革命之后又一场大革命中，上千万工农群众被动员参加革命或卷入革命洪流，中国国民党由一个缺乏群众基础的在野党，发展成为一个全国性的执政党，而幼年时期的中国共产党，也开始迅速成长为中国政治舞台上一支不可忽视的政治力量。

随着国共合作进行的北伐战争的节节胜利，一举战胜了北洋军阀，结束了袁世凯以后军阀混战和割据的局面。但是，以蒋介石为首的国民党右翼势力，害怕轰轰烈烈急风暴雨式的工农运动，更要独吞革命的胜利果实，于是背离了孙中山的三大政策，向共产党人举起了屠刀，搞清党反共，大肆屠杀共产党人和革命人士，公然走上了背叛革命的道路，成为中国革命的对立面和反动派，致使国共合作破裂，北伐遭到挫折，造成了历史的倒退，标志着国共两党从此开始分道扬镳，并成为中国两大对抗政治力量。在血腥的屠杀形势下，中国共产党被迫转入武装斗争，1927 年开始的八一南昌起义、秋收起义，实行工农革命武装割据，建立起井冈山红色根据地，并连续打破国民党五次围剿，红色五角星成为照亮中国革命的星星之火。

日本军国主义者出于独霸东亚的野心，对中国进行了规模空前又极端野蛮的侵略掠夺，丧心病狂地要让中国人成为亡国奴，从而使中华民族面临有史以来最严峻的危亡时刻。

黄河在怒吼，黄河在咆哮……中华民族到了最危险的时候，反法西斯、抗日救亡成为中华民族当前最紧迫重要的伟大历史使命。中国共产党为团结全民族统一抗战，毅然在蒋介石军队的围追堵截下进行了史无前例的伟大的二万五千里长征，胜利到达陕北，建立抗日根据地；随后积极协调西安事变和平解决，促成实现了第二次国共合作，建立全国统一战线，中国人民开始进行轰轰烈烈的抗日救国战争。这一时期诞生的《义勇军进行曲》，之所以能成为后来的中华人民共和国国歌，就是因为它体现了一百多年来中华民族救亡图存民族复兴运动的全部内涵。

义勇军进行曲——

起来！不愿做奴隶的人们！把我们的血肉筑成我们新的长城！中华民族到了最危险的时候，每个人被迫着发出最后的吼声。起来！起来！起来！我们万众一心，冒着敌人的炮火，前进！冒着敌人的炮火，前进！前进！前进、进！

中国的抗日救国战争是世界反法西斯战争的一个组成部分，随着第二次世界大战接近尾声，经过八年抗日战争，中华民族取得了伟大胜利。抗日战争的胜利是中华民族全民抗战的结果。抗日战争胜利后，和平是国际国内的大势所趋和人心所向。国民党无视人民的和平愿望，反对建立联合政府，仗着帝国主义的支持和援助，做好了发动反共反人民的大规模内战的准备，中国陷入内战危机难以避免。由于反动统治势力不愿自动退出历史舞台，中国也只有在共产党领导下走彻底革命道路，才能冲破一切阻碍，选择新的光明之路，这是由世界大势和中国封建落后不发达的国情决定的发展逻辑，而脱离历史进程做出的其他一切假设都是不成立的。除了国际共产主义和西方资本主义东西方两大阵营的较量等背后力量因素之外，不得不承认的历史事实是，历史和人民没有选择中国国民党，而是选择了中国共产党。中国共产党是一个富有理论创新和实践创造的全新政党，确实是凭借着自己在政治、军事、经济和思想文化方面的正确领导与顽强奋斗，赢得了中国人民的理解与支持，并最终战胜了强劲对手国民党蒋介石集团的。

多难兴邦，越挫越奋；艰难困苦，玉汝于成。近代一百多年来中华民族伟大复兴，从开始的感觉器物不如，到制度不如，再到文化不如，从改良、革新到革命，在经历了旧民主主义革命和新民主主义革命后，最后才终于选择了正确的道路和方向。历史选择了马克思列宁主义和中国共产党，最终完成了一百多年来中国人民梦寐以求的实现国家独立、民族解放和民主自由的历史使命。

中华人民共和国的成立，宣告中国人民从此站起来了，一个充满智慧、自强不息的民族，终于重新掌握住了自己的命运，完成了近代以来新民主主义革命任务，建立起了现代新型人民民主国家，为实现百年强国之梦打下了坚实基础，中国历史由此开辟了新纪元。

人民英雄纪念碑碑文——

三年以来，在人民解放战争和人民革命中牺牲的人民英雄们永垂不朽！三十年以来，在人民解放战争和人民革命中牺牲的人民英雄们永垂不朽！由此上溯到一千八百四十年，从那时起，为反对内外敌人，争取民族独立和人民自由幸福，在历次斗争中牺牲的人民英雄们永垂不朽！

34. 振兴中华——中国特色道路

近代一百多年来中华民族的伟大复兴，主要是为了完成三大历史使命，即，实现国家形态从天下家国到民族国家的转变，实现社会形态从农业文明向工业文明的迈进，实现文化思想精神从宗天信仰到追求科学的跨越，而这三大历史使命的主题就是追赶与超越。中华人民共和国的成立，标志着近代一百多年来中华民族伟大复兴的历史进程，进入到了社会主义革命和建设的新阶段。这一阶段所肩负的民族复兴新使命，不仅是要实现文明形态的跨越，而且还要实现传统文化精神思想的跨越，就是要通过继续进行追赶与超越，从而最终完成振兴中华的伟大历史任务。

由中国共产党领导中国人民走社会主义道路，这是历史的选择，人民的选择。

而在中国这样一个有着悠久古老传统又刚刚脱离深重苦难的国度进行社会主义革命和建设，则是一项前无古人的伟大事业，在世界上没有先例，在理论和实践上都必然是一个探索和渐进的过程，根本上是东方文化真理追求模式的再创造。信仰终究是理想，政治终究是现实；理想为现实指明方向，现实为理想创造条件；理想与现实并不是简单的结合，关键在于对其本质规律的掌握。

与此同时，由于新中国刚刚建立，还时刻面临着极其复杂的国际国内严峻的形势和环境。新中国建立之初，解放战争的炮火仍然还在继续，百废待举、百业待兴；随后进行的社会主义改造，也伴随着抗美援朝的隆隆炮声；因为社会主义和资本主义两大阵营的互相对立，帝国主义亡我之心不死，新中国始终面临着战争颠覆与和平演变的危险和威胁，从而使社会主义革命和建设的每一阶段无不充满着艰难险阻，这使得新生的共和国在着力完成文明形态跨越和文化思想跨越的同时，不得不考虑如何跳出"其兴也勃焉，其亡也忽焉"的周期律，并时刻将其与巩固政权和维护国家独立地位紧密联系起来。于是，中华民族伟大复兴的三大历史使命就这样交织在整个社会主义革命和建设的全过程之中，其艰巨性、复杂性和长期性可想而知。

中国从近代新民主主义革命到现代社会主义国家的建立，经历了人类历史上社会形态的最大转变和跨越，在短短的一百年时间里，就要从半殖民地半封建社会，越过资本主义社会，直接过渡到社会主义社会，也就是要从根深蒂固的农业文明国度，越过商业文明阶段，直接进入到工业文明阶段，这是人类文明进程中在东方大国从未有过的最大跨度的历史跨越，而这一切又不能靠西化道路去完成，而只有靠走社会主义道路来实现。因此，中国的社会主义建设，是具有极强的探索性和开创性的崭新事业。

新中国以极大的热情开展了社会主义革命和建设运动，最真诚执著地进行了社会主义实践。中国人之所以会对马克思主义和社会主义情有独钟，这是近代以来中国革命历史进程的必然选择，也是中国文化传统的必然选择。只有经历了近代以来艰苦卓绝斗争并赢得不断胜利的中国人，才会如此真诚地将社会主义理想当做自己思想政治信仰。而实际上，中国革命和建设从一开始就是在尝试探索着走出一条有中国特色的革命与发展道路。

以毛泽东同志为主要代表的中国共产党人，从中国的历史状况和社会现实出发，运用马克思主义的立场观点方法，深刻研究中国革命的特点和规律，实现了马克思主义中国化的第一次历史性的飞跃，创立了毛泽东思想。这一理论科学系统地回答了在中国这样一个落后的东方大国怎样开展新民主主义革命、走上社会主义道路的一系列问题。在毛泽东思想指引下，中国革命走上了胜利发展的道路，完成了民族独立和人民解放的历史任务，创建了新中国，建立了社会主义制度，为当代中国的发展奠定了政治基础和制度前提。

早期的共产党人，身处半殖民地半封建社会，受小资产阶级思想和封建主义思想的影响较大，在西学东渐中传播的也只是共产主义和社会主义一般常识，从而造成中国共产党建党时期理论准备不足，并不真正懂得什么是马克思主义。但中国革命从来就没有停留在学理层面，更不可能教条主义地照抄照搬马克思主义，而是强调了马克思主义与中国的具体实际、革命实践和文化传统的结合。正是根据中国实际，在实践中有的放矢与实事求是地认识、理解和把握马克思主义，并继承和发展马克思列宁主义，才能创造发展出毛泽东思想和中国特色理论，为完成一百多年来中国人的强国梦想，寻找到了最好的追赶与超越的道路，特别是解决了两大重要主题，即，如何从农业文明向工业文明的社会形态跨越，如何从传统宗天精神思想向现代科学思想理论体系转变。

在领导进入改革开放新时期过程中，以邓小平同志为主要代表的新一代中国共产党人，把马克思主义基本原理同当代中国实际和时代特征结合起来，继承捍卫发展了毛泽东思想，与时俱进，开拓创新，探索了社会主义建设规律、共产党执政规律和人类社会发展规律等三大规律。对什么是社会主义、怎样建设社会主义和建设什么样的党、怎样建设党，以及实现什么样的发展、怎样发展等三大基本问题陆续作出了回答，先后形成了邓小平理论、"三个代表"重要思想和科学发展观。中国共产党的十七大把新时期以来在实践中相继形成这些重大战略思想作为有机统一的整体，概括为中国特色社会主义理论体系，具有重大的政治意义、理论意义、实践意义，标志着中国特色社会主义理论与实践的进一步成熟，开拓了马克思主义中国化的新境界。

中国特色社会主义道路，就是在中国共产党领导下，立足基本国情，以经济建设为中心，坚持四项基本原则，坚持改革开放，解放和发展社会主义生产力，巩固和完善社会主义制度，建设社会主义市场经济、社会主义民主政治、社会主义先进文化、社会主义和谐社会，建设富强、民主、文明、和谐的社会主义现代化国家。这是我们夺取全面建设小康社会新胜利、推进社会主义现代化的必由之路、成功之路、胜利之路。

中国特色社会主义理论体系，就是包括邓小平理论、"三个代表"重要思想以及科学发展观等重大战略思想在内的科学理论体系，是同马克思列宁主义、毛泽东思想既一脉相承又与时俱进的科学理论体系。在当代中国，坚持中国特色社

会主义理论体系，就是真正坚持马克思主义。因此要进一步加深对中国特色社会主义理论体系的历史地位、时代背景、科学内涵、精神实质、根本要求的领会和把握。

中国特色社会主义理论体系有其科学涵义，是与科学社会主义基本原则相一致、与中国国情相结合、与时代发展同进步、与人民群众共命运的当代中国的马克思主义，集中反映了党和国家的指导思想、共同理想、前进道路和奋斗目标。中国特色社会主义的关键在于，既坚持了科学社会主义的基本原则，又根据我国实际和时代特征赋予其鲜明的中国特色、实践特色、民族特色、时代特色。这个理论体系，坚持和发展了马克思列宁主义、毛泽东思想，凝结了几代中国共产党人带领人民不懈探索实践的智慧和心血，是马克思主义中国化最新成果，是党最可宝贵的政治和精神财富，是全国各族人民团结奋斗的共同思想基础。从根本上说，中国特色社会主义理论体系，就是关于共产党执政规律、社会主义建设规律、人类社会发展规律的科学理论体系，就是当代中国马克思主义理论体系，正是在这一理论体系指引下，中华民族才能大踏步走上富裕安康、文明和谐、科学发展的广阔道路，不断迎来伟大复兴的光明前景。

中国特色社会主义的理论与实践，是中国共产党人认识世界、改造世界的伟大创举，是根本改变中华民族命运、深刻影响人类历史进程的伟大变革。实践证明，没有中国共产党就没有新中国，就没有中国特色社会主义。办好中国的事情，关键在中国共产党。坚持中国特色社会主义道路，推进社会主义现代化，实现中华民族伟大复兴，必须毫不动摇地坚持中国共产党的领导。

改革开放30多年来，中国共产党人和中国人民以一往无前的进取精神和波澜壮阔的创新实践，谱写了中华民族自强不息、顽强奋进新的壮丽史诗，中国人民的面貌、社会主义中国的面貌、中国共产党的面貌发生了历史性的变化。改革开放以来我们取得一切成绩和进步的根本原因，归结起来就是：开辟了中国特色社会主义道路，形成了中国特色社会主义理论体系。因为是历经艰辛开创的道路和理论体系，所以要倍加珍惜、长期坚持和不断发展。因此要高举中国特色社会主义伟大旗帜，为实现推进现代化建设、完成祖国统一、维护世界和平与促进共同发展这三大时代历史任务而奋斗。

35. 和谐世界——人类共同理想探索

近代以来中华民族伟大复兴的三大历史使命中，国家独立民族解放的历史使

命已经完成，工业文明社会建设历史使命已经取得巨大成就并正在完善中赶超。与此同时，实现文化思想上伟大复兴与完美超越的第三大历史使命，即，重建东方思维模式的真理追求方式，也已经突显出极端重要性。因为，这是中华文化走向世界的历史必然，也是中国文明为人类发展作出更大贡献的必然趋势。

人类文明的发展历程，就是人类自身的解放过程和人类理想的探索历程。人类文明的发展历史往往就是精神文明和物质文明相互促进共同发展的历史。史前文明使人类从动物界中走出，原始宗教使人类在面对自然界的同时建立了自己的精神世界，哲学思想的形成使人类建立了追求理想信仰的理性文化体系，人类社会实践产生哲学思想，又以此促进了科学思想理论的产生，再进而促进了近现代技术的形成，而科学和技术改变了世界。人类文明最早阶段，是世界文明古国在相似的文明发展历程中发挥着重大历史作用，然后是各古典文明的推动作用，而直到吸收了各大文明所有成果的西方文明的形成，才最终使得人类文明获得了突飞猛进的跨越式发展。

不错，相对于东方文明，西方文明曾经对人类文明发展作出过历史阶段性巨大贡献，诸如继承发展了希腊罗马文明，创新了基督教神学，通过文艺复兴和启蒙运动创造了现代科学文化理论，并因依靠先进科技而率先进入现代化。然而，西方文明的精神思想文化真理追求体系模式，是建立在宗教崇拜基础之上的，也就是说，为了宗教追求而不得不追求真理，而为了追求真理又不得不背叛宗教，因为，不如此就实现不了终极追求，这成了西方文化发展的宿命。由于西方文明固有的矛盾和问题，使得其不但难以像其自我陶醉那样地永远主导世界发展，而且有可能走向它所期望的反面，或者说，西方文明发展的悖论与多元化文明的世界，已经共同成为人类文明发展的必然现象和历史趋势。

西方文明自诩其政教分离（教会与国家二元存在）自由体制，比政教合一专制体制更文明，更进步，更优越；同时还对自己的多元化代议制社会和个性自由与人权传统引以为荣（与专制、一元化、集体主义等相区别）。这种感觉似乎忘记了西方文明从崛起时就是称霸性质的，帝国主义本身就是以限制其他民族和国家的自由、民主、人权起家的。从罗马帝国末期开始的基督教中世纪，到19世纪欧洲殖民主义，再到20世纪美国的霸权主义等等，无不如此。西方文明本来就是世界上多元文明中的一元，但却很少尊重其他民族人权，往往实行双重标准，甚至剥夺其他民族和国家的生存权、发展权；民主化也往往与西方化相冲突。因其本来就是地区化而非世界化的进程。实际上正是西方文明的扩张，导致了非西方文明在全世界范围的复兴。

西方文明自认为重要的显著特征还有其法制传统，曾经因此为宪政和人权保护奠定了基础，也确实应该是文明社会的核心观念。但不幸的是，根本上说，西方的法制完全被用来维护西方利益而不是人类利益。资本主义天然的逐利本性就决定了它缺少道德性和法律约束性。如果有100%的利润，资本家们会铤而走险；如果有200%的利润，资本家们会藐视法律；如果有300%的利润，那么资本家们便会践踏世间的一切。这时的法律只是对资本欲望的有限约束。何况，民主法制本来就不是西方文明的专利。

西方文明所依靠的另一优势是科学和技术。其实，西方文明不是科技先行者，而是集成者。现代科学开始于中世纪末期，决定于17世纪之后，全面开展于19世纪以来，宗教神学数千年没有改变欧洲，而科学技术仅仅二百年就改变了世界。科学以真理探索为基础，以世界可知性为先决条件，随着东方思维模式、思维逻辑的科学化，科技创造不会永远为西方所专享。科学无止境，知识有局限，对科学的迷信即是对科学的否定。多元文明曾经创造过各自的科技历史，必然继续赶超现代科学技术并创造新成果，超越西方科技只是时间问题。

如此说来，西方文明唯一值得骄傲的东西，也许就只剩下他们还能继续享受着古典文明、启蒙文化、科技创造所带来的殖民时代的遗产。西方文明既然是个性独特的，优越超人的，就不可能是普世的，它只能带给西方利益，而不是维护全人类利益，因此也就面临着令人担忧的前景，难以代表人类文明方向。实践证明了西方文明虽有可取之处但并不是人类文明的必然选择。当然，就像它的缓慢崛起一样，西方的衰落也是一个缓慢的过程。除非它能与人类文明的多元化发展趋势相一致，才能保持自身有益于人类文明发展的一面。

世界上从来都不存在单一的普世文化，而是许多不同的文化和文明相互并存，在人类历史上从来都是多极的和多文化的，即多元化的世界。文化的本质特点恰恰证明了，现代化与全球化都不会是西方化，而只能是多元化和世界化。而正是因为西方文明发展悖论，使得人类文明的发展趋势不得不从西方文明主导转向多元文明共同发展的方向。人类文明的发展需要世界上包括西方文明在内的各种文明的共同努力，多元化的文明是世界的必然选择。西方文明是发展了而不是占有了自由、民主、法制、人权等文化思想，世界上其他文明也在以各自的形式倡导有益于人类文明的各种文化思想价值观念。从神学信仰到人本思想，从创造智慧理性到追求科学技术，从崇尚文明到维护和平。西方文明的价值不在于它是普世的而在于它是独特的——没有国家民族会再走西方的老路，否则可能导致文明发展的倒退。

人类文明进入现代文明阶段后，已经是多元化文明发展时代，因为西方文明显著的优势与缺欠，人类需要重新思考如何面向人类文明的未来发展问题。中国文明因其独一无二的特色成就，早已成为有益人类文明发展的文明形态，应该并且能够面对现实、走向世界、走向未来。

全球化背景下中国文明发展的崭新特征态势，已经具备了文化复兴并再造东方文明中心的必要条件，因此也是中华文明走向世界的必然。中华民族文艺复兴的历史使命中，既包括崭新的社会主义核心价值体系建设，也包括中华文明一般文化价值体系建设，两项建设相互紧密联系、不可或缺。前者是后者的本质与核心，是维护国体政体制度所必须；后者是前者延伸发展的传承基础，是民族文化传统与国家政治制度和时代精神的无缝链接；没有前者作为灵魂核心就没有发展方向，没有后者作为精神思想文化引导体系就没有国家民族统一文化。所以，中华文明一般价值体系本质上是东方思维模式的真理追求体系，特别是一个充分体现时代精神和现代逻辑的理论体系。

中华文明精神思想文化体系建设，是一种具有东方模式逻辑思维辩证方法的真理追求理论体系建设，要回答的时代历史课题，主要是这一文明对待精神信仰、文化思想、科学技术、民主法治和礼仪制度等等的态度原则，是一个必然要体现传统特色和时代精神的文化思想价值观念体系。概括而言，中华文化思想理论体系既包括体现人类神圣性精神需求的东方精神信仰模式的真谛，也包括中华文化所追求的价值观念的普世意义；既包括中华文化对科学技术理论与实践的应有态度，也包括其对待民主与法治从传统到现实的基本原则；同时也包括古老礼义之邦在建立现代礼仪制度上的紧迫任务。而当独具特色的中华文化思想体系以一种全新的面貌展现于世界之时，必将形成其贡献于人类的应有魅力。

一个民族的思维模式及其所形成的文化精神，体现了这一民族的思想文化特性，根本上反映着一个民族精神追求的层次高度，从而也就决定了这一民族对人类文明发展的价值与影响。进行中国文化思想价值体系建设，不能回避的一个重要问题就是对传统文化宗天精神的传承方式，核心在于如何正确理解分析中华文化的天上信仰与天下精神，这是建立东方思维模式下的精神思想文化理论体系的重中之重。现代世界是一个政教分离与政教合一相混合的社会。尽管纯世俗的科学、理性和实用主义在一定程度上消除了构成现存宗教核心的迷信、神话、非理性和宗教仪式，倡导宽容、理性、重实效和进步、人道与世俗人生。但，“人并不是只靠理性活着，也不是只靠吃米活着。”过分地世俗化反而导致相反的结果。“世界历史唯一真正的主题是信仰与不信仰的冲突。”（歌德）包括理性与非理性信仰。而信仰所产生的影响甚至远达文明的未来。

追寻古老华夏的文明之源、探索东方古国的民族之魂，中国传统文化的核心价值观念本质上就是天上理想天下精神，这种原生性、历史性导致了中国自身文化发展的规律性和必然性。与西方文化终极追求的不断背叛模式有所不同的是，东方文化的真理追求模式是建立在宗天精神基础之上的，这种模式并不需要背叛原有精神信仰，而是一个在不断扬弃和跨越中追求并接近真理的过程。中国现代文化发展，实际上已经在实现从宗天精神到神往自然规律的重大跨越，或者说，神圣性精神需求已经转变为对科学规律的神往。作为一种真理追求体系，其中，以自然规律为神圣，因神往而呈现非理性特征，崇拜的是人格化的自然规律之神，是一种永无止境的追求，这种既继承传统又具有创新性的非理性信仰与科学理性信仰相协调，成为影响中国文化思想理论价值体系的核心因素。通过文化传承塑造民族之魂，解决走向世界的精神信仰价值观问题；向往共产主义、神往自然规律，体现着一种真理追求和美好愿望，体现着宗天文化以顺应自然、天长地久为终极意义的精神真谛，从而避免西方式无尽追求和过度改造。

社会主义核心价值体系深深植根于中华民族的精神血脉之中，植根于当代中国人民的伟大实践之中，植根于社会主义制度之中，具有激励中华儿女勇往直前的无穷力量。因而，社会主义核心价值体系建设，是国家民族凝魂聚气、强基固本的具有重大理论创新意义的重要基础工程和灵魂工程，是对中国特色社会主义理论体系的完善，是加快推进社会主义现代化的坚实思想保证和中华民族伟大复兴的强大精神支撑。与此同时，由人类文化思想的发展规律所决定，作为精神思想产品的科学信仰等文化形式，都不会一蹴而就，必然需要一个较长的建设发展和普及传播过程，因而，既要坚定科学信仰，又要引导传统信仰，从而全面构建哲学理性思维逻辑体系，不把发展阶段性差距当做发展趋势差异，以避免在东西文化交流碰撞中畸形演变。

中华文化一般价值体系中，在宗教哲学、文学艺术、社会伦理和科学技术与民主法治等各领域，都创造了既属于自己也属于世界的崭新的文化价值理念。文化思想上的宗天精神已经被神往自然规律所取代，对自然规律或科学规律的神往、探索、尊重和利用，就是中国文化崭新真理追求价值理论模式体系的建立。这种理论体系看似无神却有神，就是信仰规律之神；因为与神圣性精神需求的联系，这种神往并非唯科学主义的；神往规律就要研究规律，探索追求认识掌握自然科学和社会科学理性规律，因此，真理追求成为中国人的天职思想和神圣使命。大智兴邦，不过集众思；大愚误国，皆因好自用。一个国家、一个民族总要有一批心忧天下、勇于担当的人，总要有一批从容淡定、冷静思考的人，总要有一批刚直不阿、敢于直言的人，这是千百年来中国仁人志士崇高的精神追求。新时代的天上理想和天下精神激励无私无畏、不懈探索、崇尚理性、追求真理的科学精神，就是尊重自然规律、科学规律、经济规律和人类发展进步规律，尊重客观实际和规律并为追求真理献身精神。

中华文化一般价值体系，将真理追求、科学技术和民主法治等现代精神融为一体，有利于引导多元文化，吸收科学技术，建立理性传统。传统文化的天上理想，追求天下为公，有青天传统。新时代的天下精神，追求公平正义、民主法治也是历史的必然，本质上是文化精神的必然。法，古写作“灋”（简化字正好把繁体字的“廌 zhì 即解廌，独角兽”去掉了，其本义是一种能治狱、别曲直的神兽，是驱害辟邪的吉祥瑞物），就是有强制性、公平性的神明裁判，法律就是公平正直、人人遵守。这意味着，中华文化法治思想价值观念与人类文明普遍精神相一致，就能够面向全社会并走向世界。

一个国家没有国民素质的提高和道德的力量，绝不可能成为真正强大的国家、受人尊敬的国家。建设面向人类文明的文化中心，要有包容的胸怀、兼收并蓄的能力和再造文明的魄力，以充分展现东方思维模式的普世价值。东方中国文明，鉴古知今，博采众长，从优秀传统文化中汲取营养，从世界优秀文明成果中取长补短，从而能够以自己的宗天文化精神继承、创新、发展有益于人类社会的优秀文明文化。

文化最浅显的解释就是日常生活中最习惯运用的礼节和方式，它是人的社会生活的需要，也是人的身心健康生活的需要。中国传统文化注重“人学”与德育，建立优良道德伦理观念秩序具有历史必然性。因而，在社会主义价值体系基础之上，还要努力培育具有时代精神、深入人心、自尊自信的社会主义道德风尚，建立具体可操作的包括敬仰、祭祀、庆典、婚礼等在内的国家社会礼仪体制。其中，尤以建立现代礼仪制度最具重要性紧迫性。

另外，应该尽快建立公民宣誓制度，全面树立国家民族精神思想法治威信，这要制定公民誓词——中国人誓词参考版本如：我宣誓效忠中华人民共和国，以自己是中华民族国家的一员而感到荣幸与骄傲，并誓言遵守国家宪法法律和各项法规条例，维护社会公正、自由平等，尊重社会道德和民族风俗，履行公民义务，并愿意为维护其多民族统一国家和民主共和国而贡献自己的一切。神圣中华，天佑吾邦！

中华文化一般价值体系与社会主义核心价值体系的建立，标志着中国文明最终告别了神秘主义、封建主义和专制主义历史，进入自己文化发展新的轴心时代，中华民族终于建立起展现新时代民族精神和凝聚中国人独特智慧以及普遍思维逻辑的文化思想理论体系，正在创造出具有普世价值并正在走向世界的精神文化成果。

中国作为文明中心并不取代其他文明中心的地位和作用，而是以建设自身的真理追求、科学技术和民主法治等现代精神为核心的理性思维体系，争取东西方文明的共同促进、并行发展，正所谓："各美其美，美人之美，美美与共，天下大同。"（费孝通）历史上各大文明区域那种互相隔离、互不往来的状况一去不复返了，而当年同为西方文化的文明中心的英国和美国的霸权地位交接过渡状况也不会存在了。中国既不能做美国梦、欧洲梦，也不能做苏联梦，而只能做中国梦，从根本上说就是维护国家主权和领土完整，用和平、文明方式实现国家发展和现代化的和平发展崛起之路。21 世纪是中国集中力量全面建设更高水平的小康社会的关键阶段，由此而来的将是中国更加致力于国内发展，更加致力于提高全民族文明素质和精神追求，为社会提供更巨大的市场需求和更加广阔的发展机遇。由此，中国与世界也将形成更加系统和更加可持续发展的共同利益。

东方文明总是关注现实、积极面向未来，东方中国文化则是美好的乐天派，除了神秘主义的危害之外，其天上精神和天下理想，是向往未来、走向未来的；而西方文明没有未来，它拥有的永远是现实，因为未来由上帝主宰。西方宗教文化总体上的末日观、救赎论等等早就在不断的改革中艰难行进，如果不是以 17 世纪文艺复兴后的希腊哲学科学精神和近代科学技术的改革调整，那么也就难以走出中世纪时代；即使是现代的西方文化也远未能整合矛盾重重的西方自身世界，因而，若以普世价值推广，其难以解脱的弊端对人类文明只能是有害无益。

人类文明在数千年的发展历程中，不但创造了进入现代文明的成果与道路，而且开辟了探索实现人类共同理想的方法与途径。在人类文明发展早已经进入多元文明共同发展进步的全球化时代，不同文化呈现着加速交流、碰撞与融合的趋势。正如当初人类文明的同源分流，而现在是汇合回归；席卷全球的现代化浪潮，已经把世界变成地球村，任何国家民族都不能超然事外；现代科技的发展也使人类有能力把目光转向更为广大浩瀚的宇宙，人类理想的翅膀已经伸向了遥远的太空。在这样伟大的时代，必然要站在更高的层次以更远大的视野，去探索和回答人生追求的价值与意义，包括国家民族的追求目标，世界发展的趋势走向，甚至人类未来的前途命运等等，从而进入真理探索的至高境界。

古老的东方文明思维模式，曾经将人神关系的真理追求体系，变为天人关系的哲学理论体系，现代的东方文化思维模式，则将宗天神学的理想追求体系，变为神往科学规律的真理追求体系，由此，人神关系和天人关系都浴火重生为崭新的天上理想与天下精神，从而能够为人类文明发展提供崭新的思想理论价值观念，并真正起到十分重要的引领作用。

人类共同理想探索已经形成了东西方两种思维模式的宗天精神的自然说、美好观（天堂仙界），与宗教精神的原罪说、末日观（末日再造）。西方文明宗教神学是一个崇拜上帝探索真理追寻终极意义的过程，而中国文明宗天精神则是以东方模式的逻辑思维和辩证方法追求长生极乐、天长地久的历程。因为真理就在天堂，也就无所谓终极意义。人类文明的共同性特征都是把未来寄托于天上，人类的普世价值都在于希望由科技引领人类走向未来。

东西方文明的历史使命根本上应该是以共同创造和谐世界为旨归，和谐世界的概念含义：主题是人与自然的和谐，文明与文化的交流与共处，种族民族与国家间的合作共处，由此才能使人类发展与地球生存环境相协调。西方过去一百年在全球的成功，使它得以走向世界。但21世纪的人类文明重心在漂移，新兴国家在纷纷崛起，人类思想层面空前丰富和多元，使人类现代化标准的制定者不可能永远是西方，道德坐标的起点更不可能固定在西方。中华民族自屹立世界民族之林之时起，就开始展现出自己的主人翁精神，并不断引领人类文明发展进入新的精神境界，因此能够为人类文明的持续健康长远发展提供不竭的精神动力。

综合而言，在人类文明发展历程中，中国文明确实提供了与西方文明不同模式的精神文化思想，截至目前，东西方文化向人类未来提供了两种不同的理解和看法，并从过去、现存和将来都在接受历史的检验。

西方文明的末日观，认为上帝早就决定了地球人类相互竞争不可避免，而世界早晚会资源耗尽、面临末日毁灭，探索星际宇宙能力成为最后的竞争手段，谁早日飞出地球方舟，登陆新星球家园，谁就是胜者为王、复活再生。所以，西方文化的一切价值观念都是为了自身的永远第一。

东方文明的美好观，则从古至今都坚信，天地一体，天人合一，自然天成，神圣美好；地球并不会走向末日，也不会毁灭，人类依靠自己的信念与智慧，会建设好地球的自然生态，地球本身几十亿年的生命周期，足够人类用来探索地球与宇宙，使之走向理想发展状态。与此同时，太空成为新家园，宇宙中有人类的新伙伴。人类依靠智慧新创造，科学合理利用宇宙资源，甚至有可能建立与外星之间的互动交往，人类移居其他外星系也将成为具有实现可能性的未来梦想。

尾声

未　来

——人类的明天更美好

人类从远古走来，人类在走向未来，人类从原始诞生到走向未来都是一个神话。

现代人类社会得到了极大的发展与进步，以科技为代表的人类文明的突飞猛进，标志着人类在认识和把握自然与自身的过程中取得了一系列令自身骄傲的成绩。但是，人类社会的发展进步并没有从根本上解答自然宇宙或人类自身面临的所有问题。所以，不论人类社会发展到何种程度，人类都将面临如何理解自然与自身的奥秘，将永远都存在神秘感，神话因此具有重要的现代意义。

人类从远古走来，但是，人类至今还没有完全了解远古的奥秘；人类在走向未来，但是，人类对未来的认识还处于幼童时代。现代人研究古代神话的意义不容低估，就远古与未来的关系而言，研究古代神话是溯源，探索现代宇宙奥秘是顺流，两者的归宿都是揭示人类宇宙起源。古代的神话和现代的宇宙探索都是力图解释世界和宇宙的产物，实际上都是一种神化或神话——远古人类通过想象和幻想，创造了人格化的神来解释宇宙与人类起源，形成了创世神话；现代人依靠科技也通过想象，建立了各种宇宙起源学说，形成了宇宙诞生与演化发展的神话。由于古代的神话是人类童年时期的产物，现代神话则是人类发展到成年阶段而对宇宙认识仍处于“童年”时代的产物。人类不论是在过去、现在还是未来，都需要面对未知，都需要处理好已知和未知的关系，因此，神话与传说不仅是人类童年时代的产物，而且也可能是人类历史长河中永不中断的童年创造。所以说，神话是人类永恒的话题。

人类虽然是从远古而来，但人类可能来自天外，所以人类最向往天际星空。东西方文化虽然对人类的未来有不同的理解和看法，但既然源同流异，精神思想道路曾经不同，却毕竟最终还要殊途同归。如果人类能够最大程度上认识到和谐世界能够避免更大曲折与更多的付出，人类追求的总目标就会早日顺利实现。

——近年来，随着好莱坞灾难大片《2012》的热映，神秘的玛雅预言在世界范围内持续传播，世界末日论让很多人对未来充满恐慌，世界各国的不少科学家都投入到这一问题的研究中，连有着“自爱因斯坦以来最伟大的物理学家”之称

的英国传奇人物霍金,也曾认为宇宙的末日会在大约200年以后到来,但此言一出,无异于火上浇油，科学大师的良苦用心仍然没有卸去人们心头的重压。

——日前，中国一位数学老师曾在其最新出版的专著中，用自己发现的世界上第一个宇宙膨胀速度数学公式演绎了宇宙的未来，经过计算，我们的太阳系现在正处于演化成熟期，相当于人类的30多岁，它仍然在膨胀，但是它平稳到比婴儿的摇篮更舒适、更安全。总之，宇宙之大，“以其变者而观之，天地曾不能以一瞬；以其不变而观之，物与我皆无尽也。”（苏轼）所以，2012，我们会活得很好。中国数学老师所得到的太阳系寿命等计算结果，符合美国、德国等国科学家的最新预测。

——最新一项研究报告称，如果人类不抓紧保护濒危动物、减少环境污染，地球将在未来数百年面临第六次大灭绝，届时地球表面75%的生命都将被摧毁，而再次重建则需要几百万年的时间。地球有46亿年的历史，而在最近的5.4亿年的历史中，已经经过了五次生物大灭绝。在过去五百年中，大约5570种哺乳动物中有80种已经灭绝，而在以前，每一百万年平均只有不到两种哺乳动物灭绝。如果照现在的速度发展下去,第六次大灭绝可能在接下来3至22个世纪之间来临。

——正如天体物理学上存在着一个让所有物理定律都失效的“奇点”(Singularity)一样，信息技术也正朝着“超人类智能” 的“奇点”迈进。计算机科学家相信，信息技术的奇点即将在2045年到来，届时，人工智能将超越人脑，人类的意义彻底改变，那时人将与机器融合为“超级人类”，并借助科技的发展而获得“永生”。

——天文学界认为，银河系约有1000亿颗恒星，在银河系恒星中，至少每两颗恒星中就有一颗拥有行星，每200颗恒星中就有一颗恒星拥有的行星位于“宜居带”。截至目前，已观测到的1235颗候选行星中，有54颗位于 “宜居带”，即行星距离恒星不热不冷、远近合适区域。这样的星球可能存在生命。

——爱因斯坦相对论是现代物理学基础，狭义相对论认为，光速是宇宙速度的极限。但核子科学家日前推翻了“光速最快”的说法，他们通过实验反复证明，一些粒子如中微子等，飞行速度可以超过光速……如果这一实验得到最终的证实，那么意味着：宇宙中可能还存在其他未知维度，那将彻底改变人类对整个宇宙存在的看法，甚至改变人类存在的模式。

——进入21世纪以来，大规模深空探测已成为人类重要航天活动之一。目前，世界各主要航天国家都将深空探测视为显示国家综合国力和国际地位的重要战略性领域，未来深空探测规划涵盖整个太阳系，较为关注的探测目标是月球、火星、金星和小行星。火星作为太阳系中最近似地球的天体之一，对人类有一种天然的吸引力，是21世纪人类深空探测的重点之一。据有关部门介绍，中国面向火星的深空探测工程也早已启动。

人类过去、现在和将来都在持续进行着充满着自身探索精神的“神话”的创造，而最近正在进行和未来必然要创造的时代科技“神话”，最有可能的就是：通过太空探索，首先实现多次登陆月球，然后是探测并登陆火星，从而谋求飞出太阳系，并终将飞向宇宙深处。

月球，月球，我是地球，我是中国！……

地球，地球，我是月球，我是嫦娥！……

火星，火星，我是地球，我是地球！……

恒星，恒星，我是银河，我是银河！……

心灵之旅

后记

——《东方之魂》的由来

无论是写作一部关于中国经典思想文化的通俗读本，还是创作一部通用的普及本经典思想文化手册，其使命都太过神圣了，其意义远远超出了出版一本书那样简单。

现在将这样的书写了出来，纯粹是一种执著追求后的意外收获。原本由于要反思自己的心路历程，就要研磨自身的中国人文化形象，因而要找寻中国文化的渊源影响，特别是要寻找民族精神的真正内涵，从而演变成了系统解读传统文化来从中探索东方文化真谛的书。正是在追寻自身文化精神和比较分析中外文化这一过程中，我最终感觉并认识到，中国人实际上因为曾经缺乏关于国家和民族的神圣经典，因而现在才特别需要一部简明扼要的经典思想文化手册。

太阳下的每一滴水珠都能闪耀着阳光，一个人的心路历程也能反映一个民族的文化思想特征；一个人的灵魂探索，也能某种程度上展示中国人的精神世界——实际上，正是日常工作与生活中所接触到的那诸多撞击心灵的感受与体会，才会促成我进行这样的思考与探索。面对这纷繁复杂的世界与人生，试图从寻找个人灵魂的角度入手，用自己的眼光来追溯传统文化渊源，解读渗透于我们骨髓的中华民族的文化性格，做一个明明白白的中国人，这是一种思想文化的寻根之旅，也就是所谓的心灵之旅、精神之旅或灵魂之旅。

当今世界的全球化浪潮，使各种文明之间的交流与碰撞成为必然，不同文化各自的特色也得以突显，与世界上大多数西式宗教国家相比，东方中国的社会文化传统显得独具特色并独一无二——像是一个还远远未得到充分开发的巨大文化宝库。然而，由于文化经典的缺乏，以及表面上不信仰宗教的传统，东方文化因此而曾经被边缘化，其中也包括近代以来我们对自己传统文化的全盘否定所造成的文化精神迷失。为此，我们已经历经失去文化经典的痛苦或缺乏文化经典的困惑。

在全球化浪潮汹涌澎湃的今天，西方宗教文化与中国传统文化的交流与碰撞，已经是真真切切地摆在面前了，无论是文化交流的紧迫还是中国文化继承发展的使命，都特别需要清楚地回答那些会触及个人和民族心灵的诸多问题，不论是过

去的文化史，还是现在与将来的文化发展，无论是从何种角度，都需要研究此类的课题。目前，已经有不少的有识之士认识到这一问题的至关重要性。

由于传统文化并没有给我们留下一部简明扼要的纯粹普及通行性的经典系统读本，而“三百千”一类再简单明白的经典蒙学读物也已经过时，这确实给了我们“再创造”文化经典的机会，而简单地复古传统经典篇章，或者幻想以传统经典之微言大义来再传播等方式，已经被事实证明功效甚微并不合时宜了——面向现代人的经典就得现代化，否则就是在复制已经被证明走不通的传统老路。

以一个人的力量来编写这样一部主题突出又包罗万象的图书，虽然风格特色独具，但所遇到的困难与挑战之大是难以想象的，不但要综合运用各学科古今中外专家学者的有关著述和研究成果，还要在自己研究思考基础上进行提炼深化与融会贯通，更需要在全新体例上进行再思考与再创作，以具有开创性、经典性、引导性、示范性。所谓经典就是精华的综合，其目的必然是要经典古今，用于当代，通于后世，以利千秋。本书之所以批阅十载，增删数次，最大的愿望，其实还是想提供一个具有创新性、典范性和通俗性的经典范本，通过系统全面又简明扼要地真实展现中国人的经典文化思想，使中国文化精神及其思想发展体系能得到更清晰地树立，使传统的经典思想文化成为民族文化思想真善美精神的集中体现和完美表达。当人们读此书时，那种“神圣中华，天佑吾邦”的感悟会油然而生。因此，如若能因自身真诚钻研精神和形式上的创新特点，而启发催生出更多更好的创造性版本或经典之作，那才是作者的真正意图和收获。

尽管如此，也应该充分认识到，中国传统文化毕竟是一个悠久灿烂、博大精深的领域，精神信仰问题也是意识形态领域的极致，任何个人的眼界水平总是有限的，需要更多有识之士的共同努力，才能不断创作出精品，本书作为一个终于能够脱稿的初创版本固然值得欣喜，而必然存在的许多未尽如人意之处也会令人遗憾，今后的目标就是不断地努力，使之更加完善，并形成自身作品系列。

总之，读了这本书之后，读者若能通过作者的解读，从一个全新的角度全面系统地了解了传统文化，那这本书的价值也就实现了，而如若有读者进而去研究开发出书里书外更多的哲理与意义，那就是额外的收获了。本人也期待着能有更好的作品问世。

最后，特别感谢有关专家学者对本书的关注，由于他们较高视野层次的严谨审阅、中肯批评与精心策划，才使得本书的质量有了进一步的提高并最终得以出版。

2011 年 5 月修改再稿